8.-11. Schuljahr

Autorenteam Kohl-Verlag

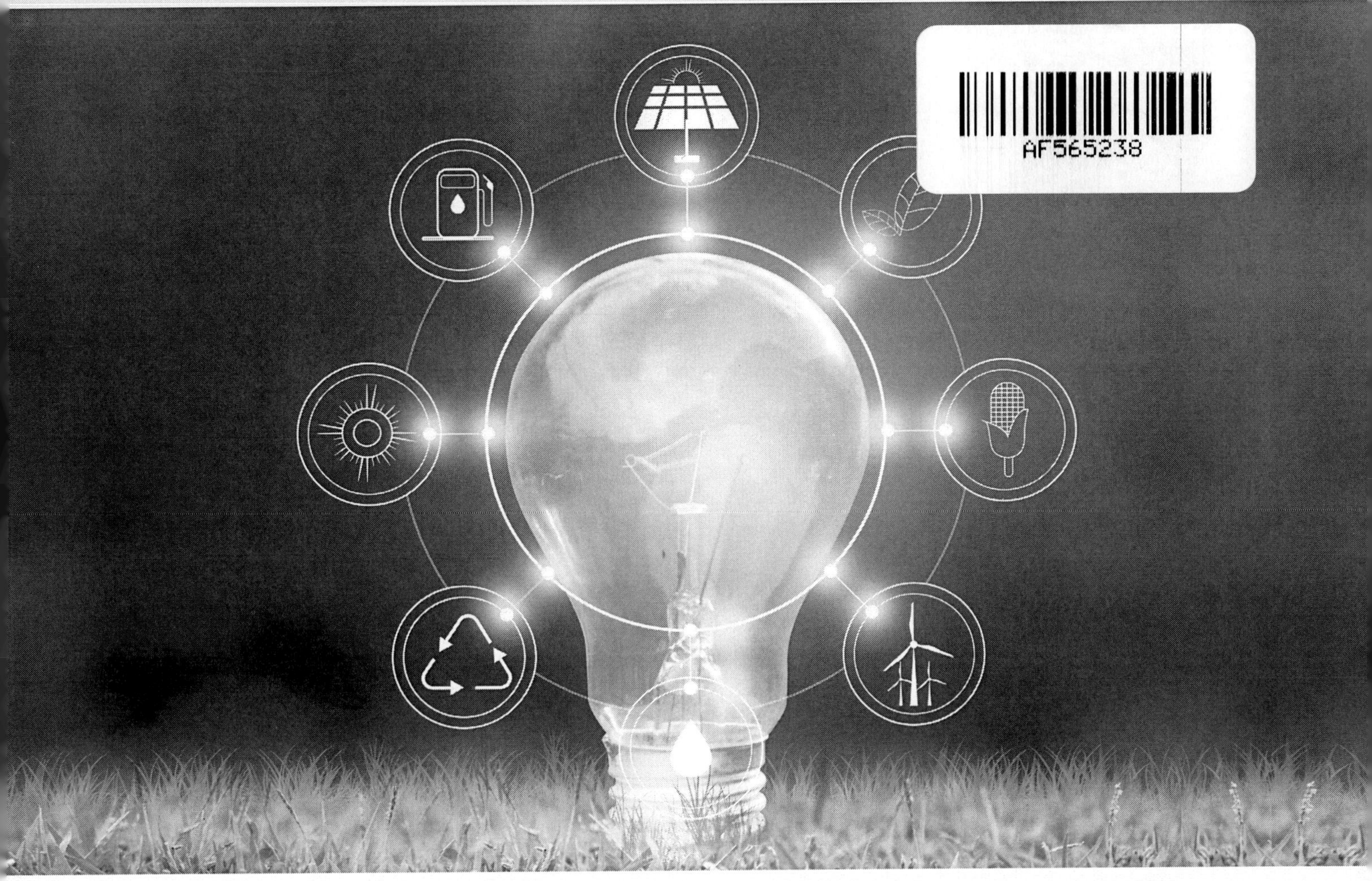

Lernwerkstatt Erneuerbare Energien

Ressourcen schonende Energiegewinnung unter die Lupe genommen

www.kohlverlag.de

Lernwerkstatt Erneuerbare Energien

Ressourcen schonende Energiegewinnung unter die Lupe genommen

1. Auflage 2022

Inhalt: Barbara Theuer
Redaktion: Kohl-Verlag
Grafik & Satz: Simone Demler / Kohl-Verlag
Druck: farbo prepress GmbH, Köln

Bestell-Nr. 12 765

ISBN: 978-3-98558-158-0

Bildquellen © AdobeStock.com

S. 6: Raman Maisei, SvitDen; **S. 7:** fabrice rousselot, i-picture, Beboy; **S. 10:** Mykyta, dataimasu; **S. 12+13:** b_susann_k, HAKOpromotion, fovito, incomible, HitToon.com, Siberian Art, rosinka, Morphart, pandavector; **S. 14:** kamilpetran, Tasha Vector; **S. 15:** a7880ss, bohbeh; **S. 16+85:** Nigel Monckton, marina_ua, Stanislav, ylivdesign, refresh(PIX), Von Haris, Эля Эля; **S. 18:** rotschwarzdesign, **S. 19:** Thomas Jansa, brgfx, Danussa, ~ Bitter ~, Frank, kolonko, eduardrobert, hkama; **S. 20:** eMIL'; **S. 21:** eMIL'; Seahorsevector; **S. 23:** petovarga; Icons-Studio, polesnoy; **S. 24:** skypics-studio, Yael Weiss, Sascha F.; **S. 25+89:** Nataliia, Inna; **S. 26:** Draco77, a7880ss, Liliia; **S. 27:** master24, blueringmedia; **S. 28:** BNP Design Studio; **S. 29:** bilderzwerg; **S. 32:** Avanne Troar, Oceloti; brgfx; **S. 34:** NeoLeo, shinshilla, chris52, bildergala, masterzphotofo, Michael Rosskothen, okalinichenko, Inactive; **S. 35:** b_susann_k, itestro, kolonko, Miquel; **S. 37:** iconshow, Cienpies Design; **S. 38:** Manuela Schacht, Eberhard RUDERT, arahan; **S. 39+40:** mmar, alejomiranda; **S. 41:** Ivan Floriani; **S. 42:** Björn Wylezich, Marcel Paschertz, Sebastian; **S. 43:** concept w, fabrice rousselot; **S. 45:** Steve Young, mmar, frender, Von Haris, Engel73, 卯月つくし; **S. 46:** BRN-Pixel; Taras Livyy; **S. 47:** LuckySoul, LogoStockimages; **S. 49:** okalinichenko, Inactive, Beboy; **S. 50:** namosh, fancytapis, Das neue Gold, aluna1, Davidus, Achmad99, **S. 51:** thingamajiggs, Vectors Point; **S. 52:** Hengki, Vectors Point; **S. 53:** tassel78, Engel73, Татьяна Любимова; **S. 54:** Oleksandr, Gabriele Abu-Dayeh, Azat Valeev, khonkangrua, OneClic; **S. 55:** Sonulkaster, trotzolga, Lady-Luck, Mehmet Gokhan Bayhan; **S. 56:** vector_factory, mix3r, captainvector, matiasdelcarmine; **S. 57:** Marty's Art 57: REDBUL74, arahan; **S. 58+93:** arahan; **S. 60:** Malira, Visual Generation, GrafKoks, Liliia; **S. 61:** Liudmyla, Circlon; **S. 62:** faber14, Sergey T..; **S. 67:** Robert Goudappel, frog; **S. 68-70:** Lysenko.A, petrroudny, Von Haris; **S. 71:** Igor, Sylvie Bouchard; **S. 73:** Robert Goudappel; **S. 74:** studioworkstock; **S. 75:** scharfsinn86; **S. 76:** j-mel, Анжела Алікіна; **S. 77:** Talaj, Agor2012; **S. 78:** Tsvetina, bsd studio, setory, Barry Barnes; **S. 79:** Itsanan, masterzphotofo, Oxana; **S. 80:** AliCris, fabrice rousselot, electriceye; **S. 81:** fancytapis, petovarga, Anastasiia, trotzolga, designer_things; **S. 82:** Юлия Мелешина, vectorwin, Metreco; **S. 96:** Dimitar Marinov

Bildquellen © Wikipedia.com

S. 11: Cepheiden; **S. 17:** Kopiersperre; **S. 22:** User-Tomia; **S. 23:** wdwd; **S. 25+89:** Cuello de pepino, Tswgb; **S. 27+28:** Molinologe; **S. 30:** Nolet_Quistnix; **S. 31:** SteKrueBe; **S. 32:** Lencer; **S. 36:** Walter J. Pilsak, BUREAU OF LAND MANAGEMENT, PV_ F5ZV, Bernd Rieke; **S. 39:** Jpascher, Benderson2, McSush; **S. 41:** Koza1983; **S. 43:** Ponor, NASA photo; **S. 44:** Michael32710; **S. 47:** user-Ceinturion, Chmee2.; **S. 48:** GrüneFraktionBayern, Paul Langrock; **S. 49:** Ildottoreverde; **S. 51:** Thzorro77; **S. 59:** Siemens Pressebild, Jkrieger; **S. 67:** Nick B.; **S. 72:** Rehua; **S. 73:** Nécropotame; **S. 74:** Christoph Lingg; **S. 94:** RobbyBer

Unsere Lizenzmodelle

Der vorliegende Band ist eine Print-Einzellizenz

Sie wollen unsere Kopiervorlagen auch digital nutzen? Kein Problem – fast das gesamte KOHL-Sortiment ist auch sofort als PDF-Download erhältlich! Wir haben verschiedene Lizenzmodelle zur Auswahl:

	Print-Version	PDF-Einzellizenz	PDF-Schullizenz	Kombipaket Print & PDF-Einzellizenz	Kombipaket Print & PDF-Schullizenz
Unbefristete Nutzung der Materialien	x	x	x	x	x
Vervielfältigung, Weitergabe und Einsatz der Materialien im eigenen Unterricht	x	x	x	x	x
Nutzung der Materialien durch alle Lehrkräfte des Kollegiums an der lizenzierten Schule			x		x
Einstellen des Materials im Intranet oder Schulserver der Institution			x		x

Die erweiterten Lizenzmodelle zu diesem Titel sind jederzeit im Online-Shop unter www.kohlverlag.de erhältlich.

Inhalt

Inhalt

Lernwerkstatt Erneuerbare Energien – Bestell-Nr. 12 765
KOHL VERLAG Lernen mit Erfolg

Vorwort

Liebe Kolleginnen und Kollegen!

Licht, Wärme und Antriebskraft sowohl für Maschinen als auch zur Fortbewegung zu erzeugen, ist ein grundlegendes Bedürfnis der Menschheit, welches mit dem Streben nach technischer Vervollkommnung und Mobilität ständig wächst. Für das moderne Leben wird zunehmend Energie benötigt; konventionelle Energiequellen reichen nicht aus. Die Energie von Wind, Sonne, des Meeres und anderen – an menschlicher Lebenszeit gemessen – unerschöpflichen bzw. sich schnell regenerierenden Energiequellen muss daher zunehmend genutzt werden.

Die Umsetzung dieses Zieles stellt eine bedeutsame Herausforderung für die interdisziplinäre Arbeit von Naturwissenschaftlern, Technikern und Ökonomen dar.

Die Suche nach Energiequellen ist nicht nur eine Erfindung der Neuzeit.

So schrieb bereits 1875 Jules Verne in seinem Buch „Die geheimnisvolle Insel" über die Brennstoffzelle: „Das Wasser ist die Kohle der Zukunft. Die Energie von morgen ist Wasser, das durch elektrischen Strom zerlegt worden ist. Die so zerlegten Elemente des Wassers, Wasserstoff und Sauerstoff, werden auf unabsehbare Zeit hinaus die Energieversorgung der Erde sichern."

Fossile Energieträger durch erneuerbare Energien zu ersetzen, ist weiterhin eine dringend zu realisierende Notwendigkeit unserer Zeit, um die globale Erwärmung und den daraus resultierenden Klimawandel aufzuhalten sowie andere natur- und gesundheitsschädigende Auswirkungen durch hohe CO_2-Emission und den Ausstoß anderer Schadstoffe zu verringern.

Der Erwerb von Wissen über erneuerbare Energien, besonders auch im Zusammenhang mit der Problematik Energie- und Klimawende, muss deshalb auch ein Schwerpunkt von Bildung und Erziehung in der Schule sein – nicht nur freitags.

Das vorliegende Material kann einen Beitrag dazu leisten und ist zum Einsatz als Ergänzung zum naturwissenschaftlichen Unterricht, in Vertretungsstunden und zur Freiarbeit gedacht.

Außer der Vermittlung von Faktenwissen und entsprechenden Aufgaben zur Übung sollen hier folgende Leitideen angeregt werden:

- Energieerzeugung und Energieerhaltungssatz
- Suche und Erfindungen zur Energiegewinnung historisch einordnen
- Erneuerbare Energien heute und morgen – Die Weisheiten der Vergangenheit nutzen
- Anregen der Schüler zur Kreativität (utopische Fantasien hervorlocken, Märchen einbinden wie zum Beispiel bei der Einführung der Nutzung von Bioenergie: „Rumpelstilzchen konnte Stroh zu Gold spinnen, aber das ist schon sehr, sehr lange her ... Heute ...")
- Einbindung der Schüler in kontroverse Diskussionen wie beispielsweise „Für und wider Windkraft ", „Tank-oder-Teller-Debatte" und die Bedeutung des „Schwarzen Peters Kohle" als Energieträger in Krisenzeiten

Viel Erfolg bei der Arbeit mit diesem Material wünschen das Team des Kohl-Verlags sowie die Autorin

Barbara Theuer

Aufgrund der besseren Lesbarkeit wird im Folgenden die männliche Form Schüler bzw. Lehrer verwendet. Gemeint sind damit jedoch sowohl die weiblichen, als auch die männlichen Personen.

1. Was ist Energie? (Blatt 1)

Aufgabe 1: **Der Traum vom Perpetuum mobile**

Licht, Wärme und Antriebskraft für Maschinen und zur Fortbewegung zu erzeugen, ist ein grundlegendes Bedürfnis der Menschheit.

Beschreibe die Vision von einem Perpetuum mobile.

____

____

____

____

____

____

Aufgabe 2: *Welche Aussagen zum physikalischen Energiebegriff sind zutreffend? Kreuze die passenden Antworten an. Es sind Mehrfachantworten möglich.*

- ☐ A Energie ist göttlichen Ursprungs.
- ☐ B Energie ist ein Maß für die Kraft, die ein Körper auf einen anderen Körper ausüben kann.
- ☐ C Energie ist unter anderem ein Maß für das Vermögen eines Körpers, Arbeit im physikalischen Sinn zu verrichten.
- ☐ D Energie wird in Joule (1 J) gemessen.
- ☐ E Früher war als Maßeinheit für die Energie "1 PS" gebräuchlich.
- ☐ F Energie kann man mit moderner Technik erzeugen.
- ☐ G Energie kann in einem abgeschlossenen System weder erzeugt werden noch verloren gehen.
- ☐ H Die Nutzbarmachung erneuerbarer Energiequellen widerlegt den Energieerhaltungssatz.
- ☐ I Energie tritt in verschiedenen Formen auf, die ineinander umgewandelt werden können.
- ☐ J Mit einem Perpetuum mobile kann Energie erzeugt werden.
- ☐ K Modernste Kraftwerke erzeugen Energie mit einem Wirkungsgrad $\eta > 100\,\%$

Lernwerkstatt Erneuerbare Energien – Bestell-Nr. 12 765

1. Was ist Energie? (Blatt 2)

Was ist Energie?
Definition des physikalischen Energiebegriffes und der Energieerhaltungssatz

Energie ist die Fähigkeit eines Körpers (Systems), Arbeit zu verrichten, Wärme oder Strahlung abzugeben.

Energie kann in verschiedenen Formen vorkommen, zum Beispiel in Form von potenzieller und kinetischer Energie – den Formen der mechanischen Energie, von chemischer Energie, thermischer Energie, elektrischer Energie und Strahlungsenergie.

Energie kann weder erschaffen werden, noch verloren gehen. Energieformen können ineinander umgewandelt werden. Dabei bleibt die Gesamtenergie als Summe aller Energieformen in einem abgeschlossenen System konstant.

Aufgabe 3: *Gib Beispiele für Körper an, die Energie in den angegebenen Formen besitzen.*

	… besitzt potenzielle Energie
	… besitzt kinetische Energie
	… besitzt thermische Energie
	… besitzt elektrische Energie
	… besitzt chemische Energie
	… besitzt Strahlungsenergie

Aufgabe 4: *Ergänze passend die fehlenden Begriffe bzw. Symbole für die folgenden Energieumwandlungen. Gib in der letzten Zeile ein selbstgewähltes Beispiel an.*

Energieform	Energiewandler ➲	Energieform
E_{th}		E_{kin}
	Turbine des Wasserkraftwerkes	E_{kin}
E_{kin}		E_{el}
E_{mech}	Reibung	

Lernwerkstatt Erneuerbare Energien – Bestell-Nr. 12 765
KOHL VERLAG

1. Was ist Energie? (Blatt 3)

Bild 1

Darstellung einer durch ein Wasser-Perpetuum mobile angetriebenen Schleiferei aus dem Mittelalter

Aufgabe 5: *Beschreibe den im Bild dargestellten Antriebsmechanismus der Schleifmaschine. Ist dieser Antrieb realisierbar? Begründe deine Antwort.*

1. Was ist Energie? (Blatt 4)

Das Wasserrad

Bereits 300 bis 400 Jahre vor Chr. machte die Erfindung des Wasserrades durch griechische Ingenieure die Nutzung der Kraft des Wassers möglich.

In Mitteleuropa wurden seit dem 12. Jahrhundert mit Wasserrädern Getreidemühlen angetrieben; später folgten Ölmühlen, Sägemühlen, Hammerwerke und Hebevorrichtungen in Bergwerken.

Oberschlächtige Wasserräder (Bild 3) sind seit dem 13. Jahrhundert bekannt. Das Wasser strömt hier durch eine Rinne oder durch ein Rohr zum Scheitelpunkt des Rades, fällt dort in die Zellen des Rades (Aufschlagwasser), wo es seine potenzielle und kinetische Energie auf das Rad überträgt und dieses antreibt.

Bild 2

Kehrrad als Teil einer Trommelfördermaschine in De re metallica (Gregorius Agricola, 1566)

Bild 3

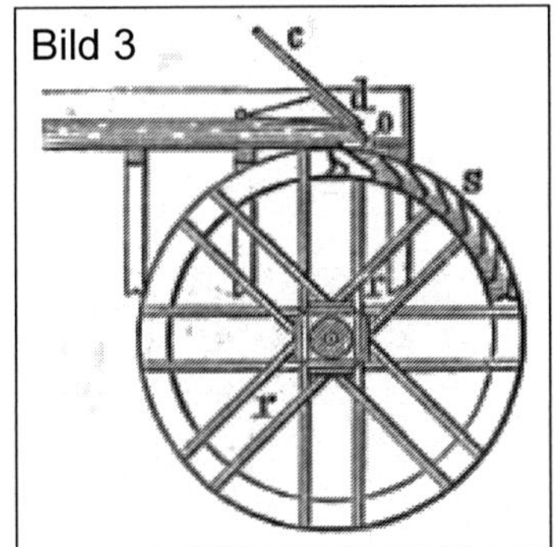

Aufgabe 6: *Begründe, dass das Kehrrad (Bild 2) im Gegensatz zum erdachten „Wasser-Perpetuum mobile“ (Bild 1 auf Blatt 3) praktisch funktionstüchtig ist. In welcher Weise wurde hier (Bild 2) das System im Vergleich zum abgeschlossenen System des „Wasser-Perpetuum mobile“ (Bild 1) erweitert?*

____

____

____

KOHL VERLAG Lernwerkstatt Erneuerbare Energien – Bestell-Nr. 12 765

1. Was ist Energie? (Blatt 5)

Aufgabe 7: Im Alltag sprechen wir von "Energieerzeugung" und "Energieverlusten". Im physikalischen Sinne sind wegen der Gültigkeit des Energieerhaltungssatzes weder Erzeugung noch Verlust von Energie möglich.

a) *Welcher Zusatz ist jedoch beim Energieerhaltungssatz erforderlich?*

____

b) *Welche physikalischen Größen sind beim Energietransfer zwischen offenen Systemen zu berücksichtigen?*

____

____

c) *Deute die Erscheinung "Energieverluste" in einem Kohlekraftwerk mit Hilfe des Prinzips **Energiebilanz in offenen Systemen** (siehe Satz unten).*

____

____

Energiebilanz als Erweiterung des Energieerhaltungssatzes

Der Energieerhaltungssatz gilt nur innerhalb eines geschlossenen Systems.

Um Vorgänge der *Energiegewinnung* oder von *Energieverlusten* zu erklären, muss eine **Energiebilanz in offenen Systemen** betrachtet werden.

Von einem energetisch offenen System spricht man dann, wenn das System Energie mit einem anderen System (= Umgebung) austauschen kann. Die Änderung der Energie des Systems muss durch die Umgebung bereitgestellt oder von ihr aufgenommen werden. Dieser Energietransfer erfolgt, indem Arbeit (positiv oder negativ) am System verrichtet wird oder Wärme übertragen wird.

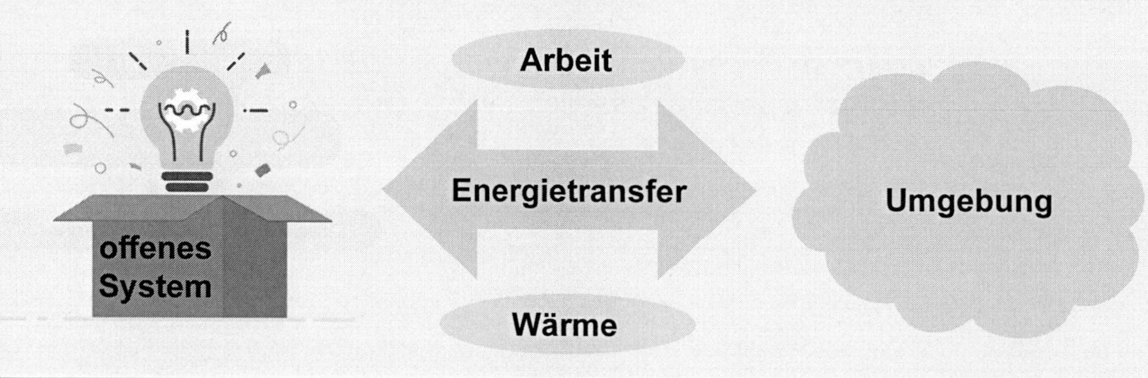

2. Kraft, Arbeit, Energie, Leistung, Wirkungsgrad – Symbole, Formeln und Einheiten

Aufgabe 1: *Ordne die Größen, Symbole, Formeln (falls keine Grundgröße) und Einheiten passend in die Tabelle ein. Beachte, dass zu einer Größe mitunter mehrere Einheiten gehören können.*

1 J **P**

1 kWh **E** $\frac{W}{t}$

Energie **Wirkungsgrad** **1 W** $1\,\frac{J}{s}$

mechanische Arbeit **je nach Form** **1 Ws**

F • s **Kraft** **1 MW** **η**

ohne Einheit $\frac{E_{ab}}{E_{zu}}$ **Leistung** **F** **in %**

W **1 Nm**

P • t **1 N**

Physikalische Größe	Symbol	Formel	Einheiten
			1 N
mechanische Arbeit			
Energie		je nach Form und	
	η		

Aufgabe 2:
Welcher Energieverlust durch Wärme tritt auf, wenn eine 60 Watt-Glühlampe an 30 Tagen je fünf Stunden eingeschaltet ist?

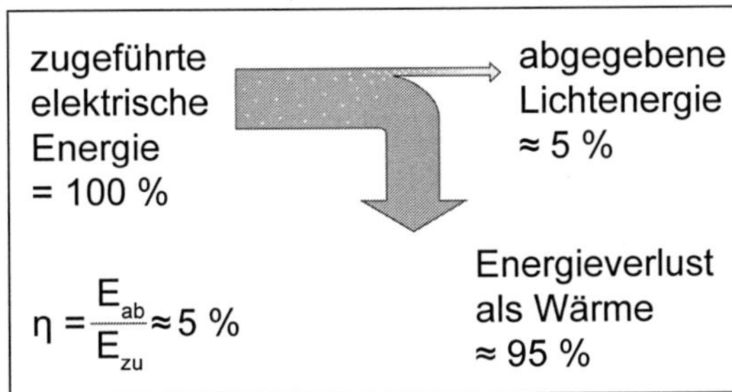

Lernwerkstatt Erneuerbare Energien – Bestell-Nr. 12 765
KOHL VERLAG

Kapitel II – Fossile Energiequellen

1. Energiequellen (Blatt 1)

Unsere Sonne

Die bedeutendste Energiequelle unseres Sonnensystems ist ein kosmisches, natürliches *„Kernkraftwerk"* im Inneren der etwa 149,6 Millionen km von der Erde entfernen Sonne, dessen Energie als elektromagnetische Strahlung auf der Erde eintrifft.

Die durch die Sonnenstrahlung freigesetzte Energie beruht auf der Kernfusion von Wasserstoff zu Helium.

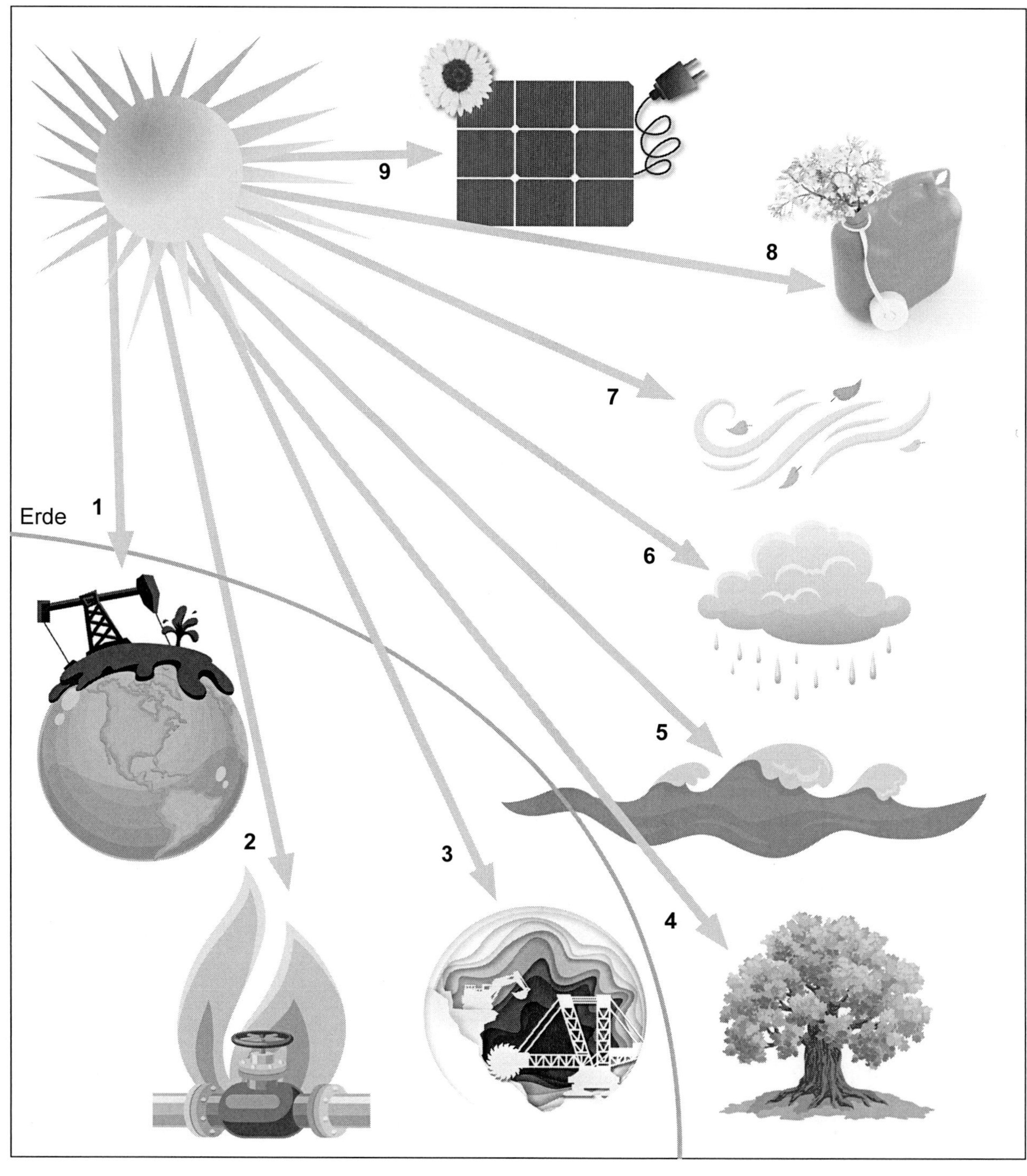

KOHL VERLAG Lernwerkstatt Erneuerbare Energien – Bestell-Nr. 12 765

1. Energiequellen (Blatt 2)

Aufgabe 1: *Die Sonnenenergie wird durch Umwandlungsprozesse in andere Energieformen überführt. Beschreibe diese Umwandlungen, die in der Graphik oben dargestellt sind, und charakterisiere die wesentlichen Umwandlungsprodukte in folgender Tabelle.*

<table>
<tr><th colspan="3">Umwandlung von Strahlungsenergie der Sonne zu …</th><th rowspan="2">Energieform nach der Umwandlung (Speicherung) der Sonnenenergie</th><th rowspan="2">Ist die Nutzung umweltfreundlich? (Ja/Nein)

Bemerkungen</th></tr>
<tr><th>Vorgang</th><th colspan="2">Bezeichnung</th></tr>
<tr><td>1</td><td rowspan="3"></td><td></td><td rowspan="3"></td><td></td></tr>
<tr><td>2</td><td></td><td></td></tr>
<tr><td>3</td><td></td><td></td></tr>
<tr><td>4</td><td colspan="2"></td><td></td><td></td></tr>
<tr><td>5</td><td colspan="2"></td><td></td><td></td></tr>
<tr><td>6</td><td colspan="2"></td><td></td><td></td></tr>
<tr><td>7</td><td colspan="2">Windenergie</td><td></td><td></td></tr>
<tr><td>8</td><td colspan="2"></td><td></td><td></td></tr>
<tr><td>9</td><td colspan="2"></td><td></td><td></td></tr>
</table>

Aufgabe 2: *Erläutere die Energieumwandlung von Sonnenenergie in eine von den Menschen technisch nutzbare Energieform (Nützlichkeit des Regens für Pflanzenwuchs ausgenommen).*

____

____

____

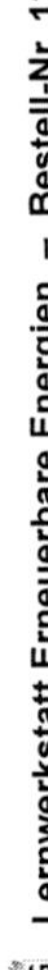

2. Nutzung fossiler Brennstoffe und Umwelt

Die Nutzung fossiler Energieträger basiert auf Verbrennung von Kohle, Erdöl und Erdgas. Neben der gewünschten Umwandlung der in diesen Stoffen gespeicherten chemischen Energie in thermische Energie entsteht neben anderen gesundheits- und allgemein umweltschädigenden Rauchgasen das Treibhausgas Kohlendioxid – Hauptquelle der menschengemachten globalen Erwärmung und der daraus resultierenden katastrophalen Folgen für das Klima.

Wärmefreisetzung und Kohlendioxidemissionen bei der Verbrennung von je 1 Gramm des Brennstoffes		
Brennstoff	**Wärmegewinn (in kJ)**	**CO_2 (in g)**
Kohle	32,8	3,66
Benzin	47,8	3,08
Methan (Erdgas)	55,6	2,74

(Tabelle entnommen aus: https://de.wikipedia.org/wiki/Fossile_Energie)

Aufgabe 1: *Stelle die Kohlendioxidemissionen von Kohle, Benzin und Methan bei Verbrennung von je 1 Gramm Brennstoff in einem Säulendiagramm dar.*

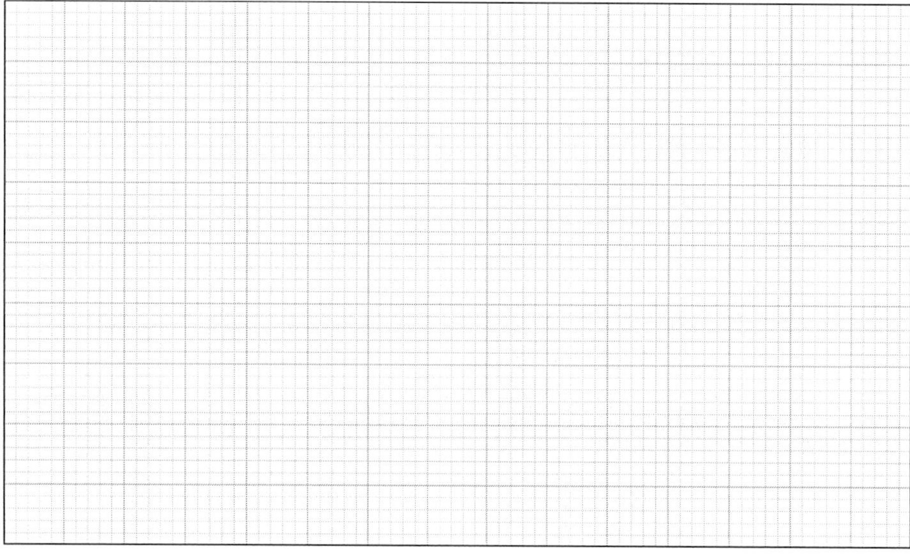

Aufgabe 2: *Welche Schlussfolgerungen müssen aus diesem Sachverhalt gezogen werden?*

Lernwerkstatt Erneuerbare Energien – Bestell-Nr. 12 765
KOHL VERLAG

3. Das Kohlekraftwerk – Klassiker und Umweltsünder (Blatt 1)

Aufgabe 1: *Beschreibe die prinzipielle Funktionsweise eines Kohlekraftwerkes.*

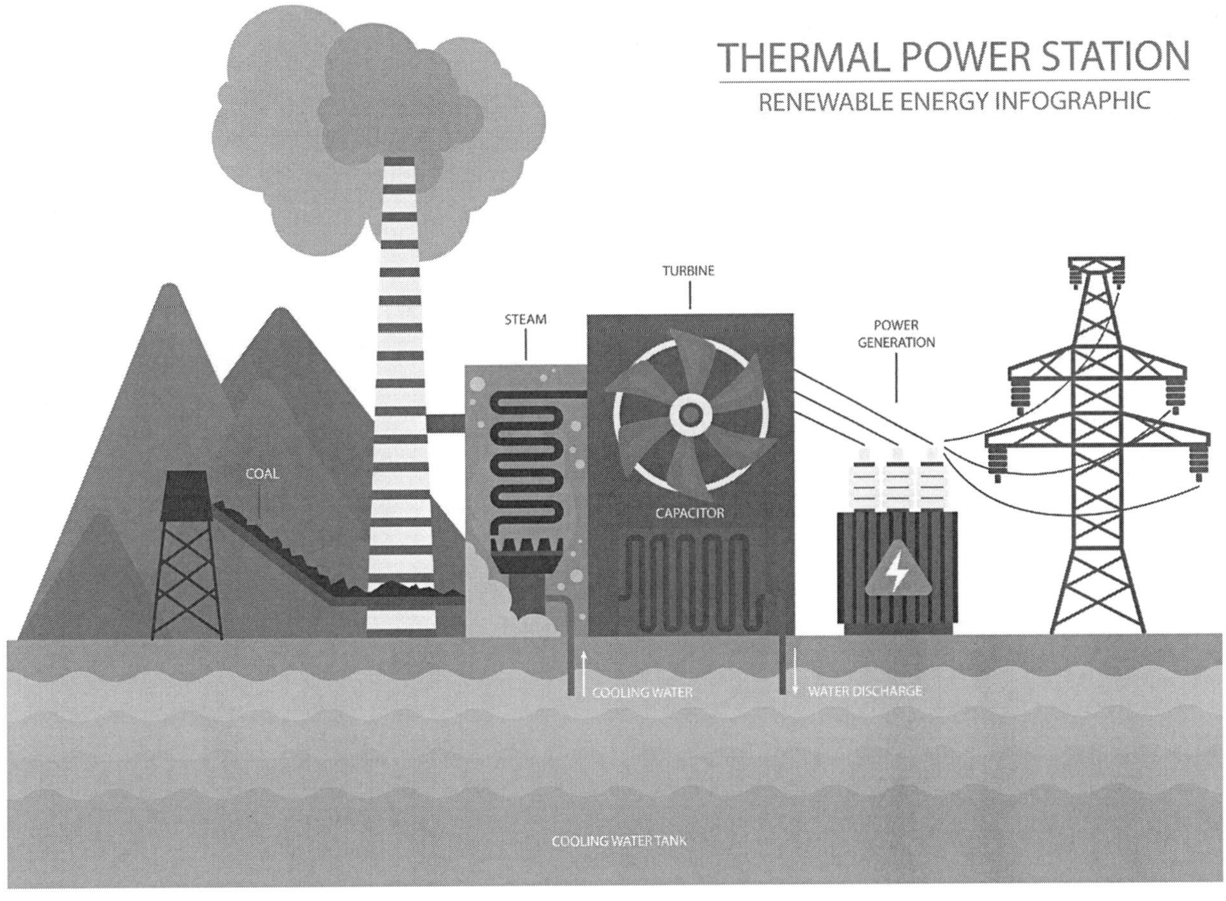

Lernwerkstatt Erneuerbare Energien – Bestell-Nr. 12 765
KOHL VERLAG

3. Das Kohlekraftwerk – Klassiker und Umweltsünder (Blatt 2)

Aufgabe 2: *Ergänze das Schema zur Energieumwandlung in einem Wärmekraftwerk. Trage jeweils für die Energieform das Symbol (z. B. E_{pot}) und für Träger/Energiewandler den Begriff (z. B. Erdöl) ein.*

Energieform	Träger/Energiewandler	

KOHL VERLAG Lernwerkstatt Erneuerbare Energien – Bestell-Nr. 12 765

3. Das Kohlekraftwerk – Klassiker und Umweltsünder (Blatt 3)

Aufgabe 3: **a)** *Der Wirkungsgrad eines Kohlekraftwerkes liegt durchschnittlich bei 30 bis 40 Prozent. Bei welchen Prozessen finden unerwünschte Energieumwandlungen statt, welche die Ausbeute an elektrischer Energie mindern und damit den Wirkungsgrad des Kohlekraftwerkes verringern?*

____

____

____

____

b) *Welche Anlagenteile benötigen einen Teil der erzeugten elektrischen Energie für ihren Betrieb?*

Tipp: Du kannst auch die Anlagenteile, in denen wesentliche „Energieverluste“ auftreten, in der Abbildung unten markieren.

____

____

____

Aufgabe 4: *Begründe, dass Kohlekraftwerke Umweltsünder sind.*

____

____

____

____

____

____

Legende

1. Kühlturm
2. Kühlwasserpumpe
3. Hochspannungsleitung
4. Maschinentransformator
5. Generator
6. Niederdruckturbine
7. Kondensatpumpe
8. Kondensator
9. Mitteldruckturbine
10. Dampfregler
11. Hochdruckumleitstation
12. Speisewasserbehälter
13.
14. Gurtförderer
15. Kohlebunker
16. Kohlemühle
17. Trommel
18. Entascher
19. Überhitzer
20. Gebläse
21. Zwischenerhitzer
22. Luftansaugung
23. Economizer (Rauchgaskühler)
24. Luftvorwärmer
25. Elektrofilter
26. Saugzuggebläse
27. Schornstein

3. Das Kohlekraftwerk – Klassiker und Umweltsünder (Blatt 4)

Aufgabe 5: *Gib Namen, Standort, Bruttoleistung in MW_{el} und Wärmeauskopplung in MW_{th} von fünf aktiven Kohlekraftwerken in Deutschland an. Recherchiere dazu im Internet.*

Name	Bundesland	Leistungen	
		P_{el} in MW (= Megawatt)	Wärmeauskopplung P_{th} in MW

Aufgabe 6: In Deutschland betrug im Jahr 2020 der Anteil an der Stromerzeugung aus Kohlekraftwerken 24,8 %.
(Zahl entnommen aus: https://de.wikipedia.org/wiki/Kohlekraftwerk)
Welche Zielsetzung sieht das von der Bundesregierung im Juli 2020 beschlossene Kohleausstiegsgesetz vor?

1. Erneuerbare Energien – Definition und Überblick

Als **erneuerbare Energien** (EE) oder **regenerative Energien** werden Energiequellen bezeichnet, die im menschlichen Zeithorizont für nachhaltige Energieversorgung praktisch unerschöpflich zur Verfügung stehen oder sich verhältnismäßig schnell erneuern.
Damit grenzen sie sich von fossilen Energiequellen ab, die endlich sind oder sich erst über den Zeitraum von Millionen Jahren regenerieren. Erneuerbare Energiequellen gelten, neben der effizienten Nutzung von Energie, als wichtigste Säule einer nachhaltigen Energiepolitik (englisch *sustainable energy*) und der Energiewende.
Zu ihnen zählen Bioenergie (Biomassepotenzial), Geothermie, Wasserkraft, Meeresenergie, Sonnenenergie und Windenergie.
Ihre Energie beziehen sie von der Kernfusion der Sonne, die bei weitem die wichtigste Energiequelle ist, aus der kinetischen Energie der Erddrehung und der Planetenbewegung sowie aus der erdinneren Wärme.
(entnommen aus: https://de.wikipedia.org/wiki/Erneuerbare_Energien)

Aufgabe 1: *Gib zwei Merkmale erneuerbarer Energiequellen an.*

____

____

Aufgabe 2: *Was versteht man unter Energiewende?*

____

____

____

Aufgabe 3:
a) *Was bedeutet Nachhaltigkeit bei der Energieerzeugung?*
b) *Interpretiere in diesem Zusammenhang das seit dem Jahr 2009 zu dem Begriff „nachhaltig" aufgetauchte Synonym „enkelgerecht".*

____

____

____

Aufgabe 4: *Erneuerbare Energien heute und morgen – die Weisheiten der Vergangenheit in moderner Form nutzen … Schreibe einen kurzen Beitrag zum Thema auf ein Extrablatt. Die Bilder helfen dir dabei.*

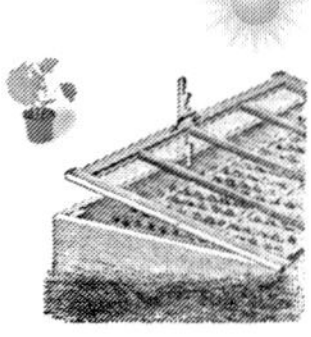

2. Das Motto der Bundesregierung – Beschlüsse zur Realisierung der Klimawende

„Energiewende – Umschalten auf Zukunft“

lautet das Motto der Bundesregierung für die Ausübung ihrer Schirmherrschaft über die staatliche Förderung des Vormarsches erneuerbarer Energien.

So heißt es im **Erneuerbare-Energien-Gesetz:**

Ausbau vorantreiben, Kosten begrenzen

Der Anteil erneuerbarer Energien am Bruttostromverbrauch soll deutlich anwachsen. Zugleich gilt es, die Kostenbelastung für Bürgerinnen und Bürger zu begrenzen und die Akzeptanz der Energiewende zu erhalten. Damit dies gelingt, hat die Bundesregierung eine Novellierung des Erneuerbare-Energien-Gesetzes beschlossen. Das „EEG 2021“ ist am 1. Januar 2021 in Kraft getreten.

Erneuerbare Energien sollen einen höheren Anteil am Bruttostromverbrauch ausmachen. Dafür ist ein weiterer Fortschritt bei der Energiewende unverzichtbar. Der Bundestag hat dafür eine Änderung des Erneuerbare-Energien-Gesetzes (EEG) beschlossen und darin auch das Ziel verankert, den gesamten Strom in Deutschland bis 2050 treibhausgasneutral zu erzeugen und zu verbrauchen.

„Die EEG-Novelle 2021 setzt ein klares Zukunftssignal für mehr Klimaschutz und mehr Erneuerbare Energien. Wir formulieren in der Novelle erstmals gesetzlich das Ziel der Treibhausgasneutralität noch vor dem Jahr 2050 für den in Deutschland erzeugten und verbrauchten Strom“, erklärte dazu der damalige Bundeswirtschaftsminister Peter Altmaier.

Im April 2022 präsentierte der jetzige Bundeswirtschaftsminister Habeck angesichts der sich zuspitzenden Klimakrise und des russischen Angriffskriegs auf die Ukraine ein umfassendes Energiesofortmaßnahmenpaket.

„Beide Krisen zeigen, wie wichtig es ist, schnellstmöglich und dauerhaft aus den fossilen Energien auszusteigen und den Ausbau der Erneuerbaren voranzutreiben“, sagte der Minister. Die erneuerbaren Energien sind spätestens jetzt zu einer Frage der nationalen Sicherheit geworden. Mit der größten energiepolitischen Novelle seit Jahrzehnten soll ihr Ausbau nun umfassend beschleunigt werden - zu Wasser, zu Land und auf dem Dach.

Bereits 2035 soll die Stromversorgung in Deutschland nahezu vollständig auf erneuerbaren Energien beruhen, so die Zielsetzung.

Entnommen aus:
(https://www.bundesregierung.de/breg-de/themen/europa-im-dialog/eeg-novelle-1790316
und https://www.bmwi-energiewende.de/EWD/Redaktion/Newsletter/2022/04/Meldung/topthema.html)

Aufgabe: *Welche Signale sendet die Bundesregierung? Notiere hier Stichpunkte oder unterstreiche im Text oben.*

____

____

1. Wasserkraftwerke an Land (Blatt 1)

Bedeutung und Historisches

Mit Wasserkraftwerken macht sich der Mensch die Kraft fließenden Wassers zu Nutze.

Bereits vor 5000 Jahren gab es in China und Mesopotamien Wasserräder.

Etwa 1500 Jahre später nutzte man beispielsweise im alten Ägypten die Wasserkraft zum Betrieb von Wasserschöpfrädern, um Felder zu bewässern. In der späteren Antike bauten Römer und Griechen Wasserräder zum Antrieb von Getreidemühlen. Ende des 18. Jahrhunderts gab es in Europa etwa 500 000 bis 600 000 Wassermühlen.

Die Erfindung des elektrodynamischen Generators durch Werner von Siemens 1866 ermöglichte die Umwandlung der Energie des Wassers in elektrische Energie.

Im Jahr 1878 baute man in Nordengland das erste Wasserkraftwerk, welches Strom für die elektrische Beleuchtung auf dem Landsitz Cragside lieferte. Das erste Großkraftwerk der Welt wurde 1896 an den Niagarafällen in den USA errichtet.

Aufgabe 1: *Gib jeweils ein Beispiel für einen Standort in Deutschland an.*

Kraftwerkstyp / Bezeichnung	Funktion / Merkmale	Beispiel / Standort
Laufwasserkraftwerk (LK)	Mit dem gestauten Wasser eines Flusses werden Turbinen angetrieben.	
Speicherkraftwerk (SK)	Das Wasser wird über einen Zeitraum von mehreren Stunden bis mehreren Monaten gespeichert, um bei Bedarf wertvolle Spitzenenergie zu erzeugen.	
Pumpspeicherkraftwerk (PSW)	Hier handelt es sich um ein SK, bei dem mit überschüssigem Strom Wasser aus einer niedrigen Lage in einen höher gelegenen Stausee gepumpt wird, um später Spitzenstrom bei erhöhtem Strombedarf zu erzeugen. PSK bieten als derzeit einzige Energieanlagen die Möglichkeit, Elektrizität wirtschaftlich und in nennenswertem Umfang mit Hilfe potenzieller Energie (Speicherwasser) zu speichern.	

Lernwerkstatt Erneuerbare Energien – Bestell-Nr. 12 765

1. Wasserkraftwerke an Land (Blatt 2)

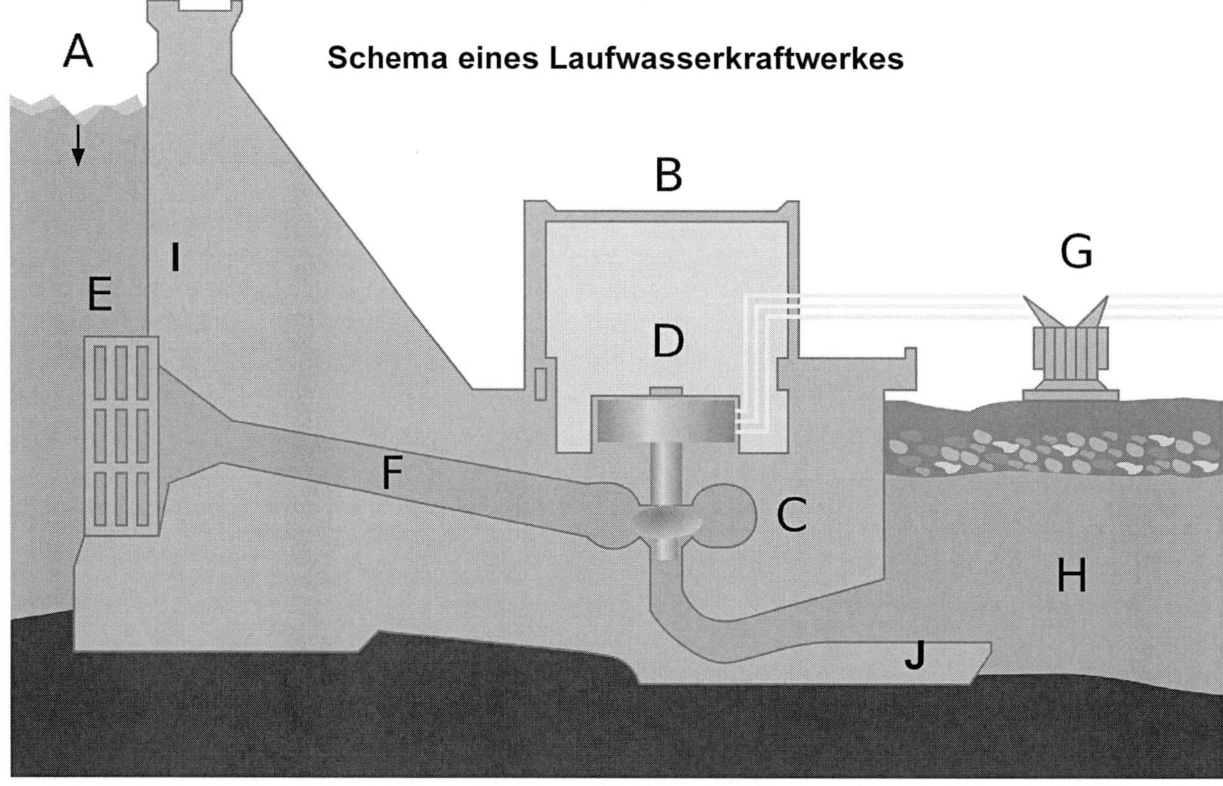

Aufgabe 2: *Ordne die folgenden Begriffe passend zu.*

Turbine – Diffusor – Unterwasser – Transformator – Rechen – Rohrleitung – Maschinenhaus – Staudamm – Oberwasser – Generator

A ________________ F ________________

B ________________ G ________________

C ________________ H ________________

D ________________ I ________________

E ________________ J ________________

Aufgabe 3: *Beschreibe die Energieumwandlungen in einem Laufwasserkraftwerk.*

____

____

____

____

Lernwerkstatt Erneuerbare Energien – Bestell-Nr. 12 765

1. Wasserkraftwerke an Land (Blatt 3)

Aufbau und Funktion eines Pumpspeicherwerkes

Generatorbetrieb

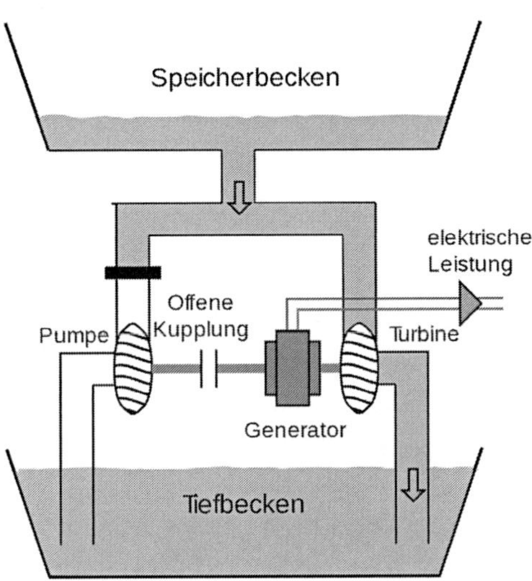

Pumpbetrieb

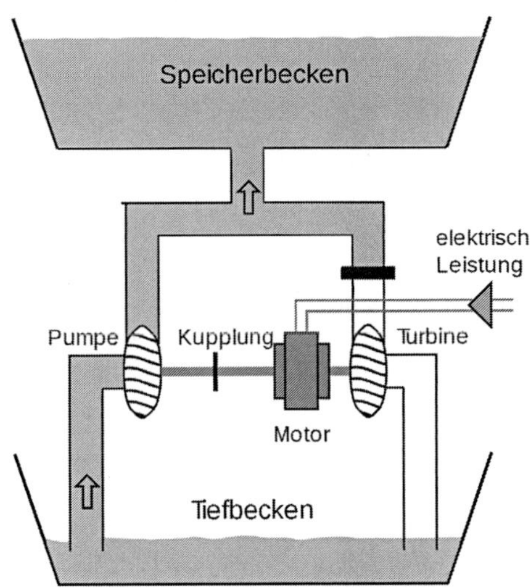

Aufgabe 4: *Erläutere die Besonderheiten eines Pumpspeicherwerkes; beschreibe die Energieumwandlungen.*

____

____

____

____

____

____

____

Aufgabe 5:

a) *Gib den prozentualen Anteil des aus Wasserkraft erzeugten Stroms an der Bruttostromversorgung aus allen Energieträgern in Deutschland im Jahr 2021 an.*
(Du kannst dazu die Übersicht im Kapitel X auf S. 62 nutzen.)

b) *Welchen Anteil an der Bruttostromversorgung aus erneuerbaren Energien hatte der Strom aus Wasserkraft im Jahr 2021 in Deutschland?*
(Du kannst dazu das Kreisdiagramm im Kapitel X auf S. 63 nutzen.)

Lernwerkstatt Erneuerbare Energien – Bestell-Nr. 12 765

1. Wasserkraftwerke an Land (Blatt 4)

Aufgabe 6: *Nenne Vorteile und Nachteile der Nutzung der Wasserkraft als erneuerbare Energiequelle.*

Vorteile	Schwierigkeiten / Nachteile

Aufgabe 7: *Nenne und beschreibe fünf der größten bzw. bekanntesten Kraftwerke der Welt aus fünf verschiedenen Ländern. Nutze die Tabelle zur Angabe der Daten.*

Name	Staat	in Betrieb seit	Fluss	Nennleistung in MW

Zur Information:
Unter **Nennleistung** versteht man bei Kraftwerken die abgegebene Leistung.
(siehe auch Wirkungsgrad auf S.11 Aufgabe 2)

Talsperre mit Staumauer und Wasserkraftwerk in Itaipu

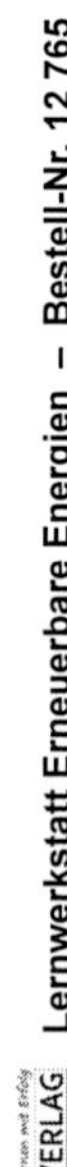

2. Gezeitenkraftwerke, Wellen- und Meeresströmungskraftwerke (Blatt 1)

Die Energie des Meeres

Aufgabe 1: *(Schreibe auf einem Extrablatt.)*
Interpretiere den Begriff "Blaue Kohle". Beschreibe dabei deine Vorstellungen – von Bekanntem bis hin zur Vision – von der Nutzbarmachung der gewaltigen Energie des Meeres. Lass deine Fantasie spielen und entwickle Projekte für Meereskraftwerke.

Aufgabe 2: *Beschreibe in der rechten Tabellenspalte die elementare Funktion von Gezeitenkraftwerken anhand der Abbildungen. Informiere dich im Internet.*

 Bild 1 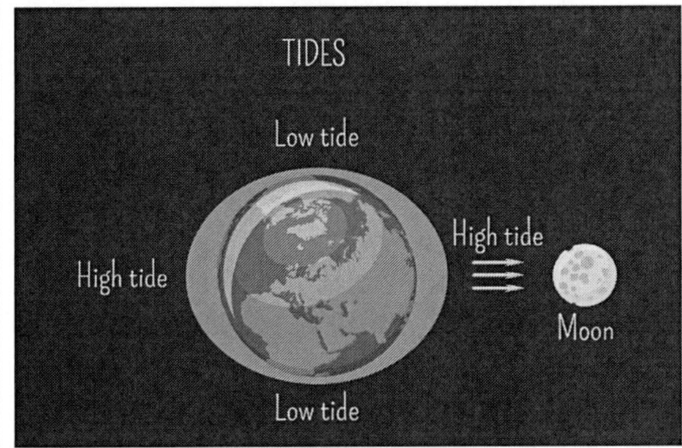	
Bild 2 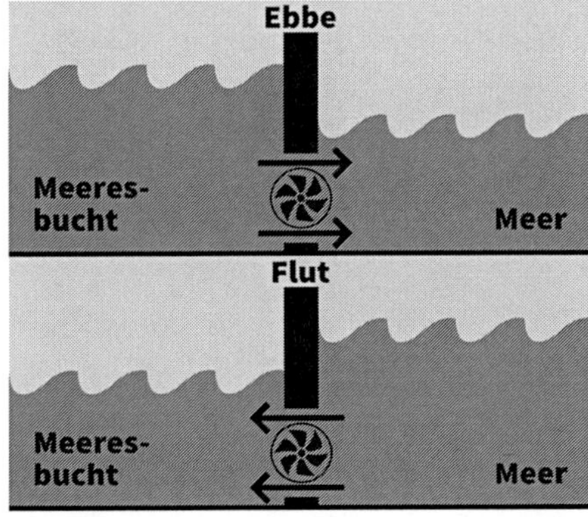	
Bild 3  *Gezeitenkraftwerk La Rance*	

2. Gezeitenkraftwerke, Wellen- und Meeresströmungskraftwerke (Blatt 2)

Zur Information

Die gewaltige Energie des Meeres zeigt sich nicht nur bei den Gezeitenströmungen, sondern auch bei anderen Meeresströmungen (siehe Golfstrom) und in der Kraft der Wellen. Diese Energie kann bei *Meeresströmungskraftwerken* und *Wellenkraftwerken* genutzt werden.

Ein Meeresströmungskraftwerk bedarf keiner bauaufwendigen Staumauer. Die Energiegewinnung wird mit Hilfe von Rotoren, die frei auf einem Mast in der Strömung stehen oder kabelgebunden befestigt sind, realisiert. Die Turbinen werden durch die Wasserbewegung in Drehung versetzt und treiben einen stromerzeugenden Generator an. Das Prinzip gleicht dem der Windräder mit dem Unterschied, dass Wasser aufgrund seiner höheren Dichte wesentlich mehr Bewegungsenergie pro Kubikmeter einbringt als Luft.

Wellenkraftwerke nutzen die potenzielle oder (und) kinetische Energie der Meereswellen zur Umwandlung in elektrische Energie. Neben anderen technischen Varianten nutzt beispielsweise der Wave Dragon die potenzielle Energie der auf eine höher gelegenen Rampe auflaufenden Wellen aus. Das im Reservoir auf der Rampe gespeicherte Wasser betreibt beim Abfließen eine Turbine, die an einen Generator gekoppelt ist.
Der Wave Dragon funktioniert also wie ein Speicherkraftwerk, wobei die Wellen die Wassermassen in das Reservoir heben.

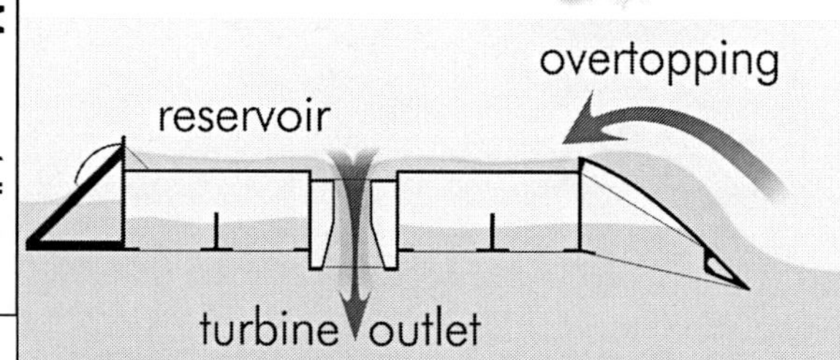

Aufgabe 3: *Warum gibt es in Deutschland weder Gezeitenkraftwerke noch Wellen- und Meeresströmungskraftwerke? Informiere dich über die Tidenhöhen an der deutschen Nordseeküste.*

KOHL VERLAG Lernwerkstatt Erneuerbare Energien – Bestell-Nr. 12 765

1. Zur Geschichte der Nutzung von Windkraft (Blatt 1)

Aufgabe 1: *(Schreibe auf einem Extrablatt.)*
Seit wann nutzten die Menschen die Windkraft und welche Arbeiten ließen sie schon früher den Wind verrichten? Schreibe eine kurze Abhandlung, die auch zu einem Kurzvortrag geeignet ist.

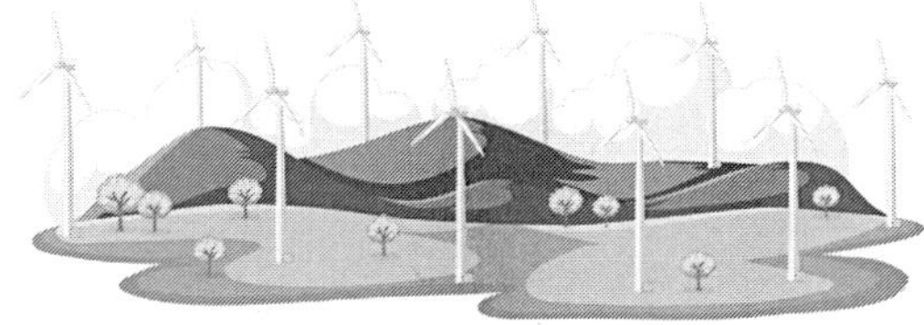

Schnittbildzeichnung einer Galerieholländermühle in Berlin-Britz

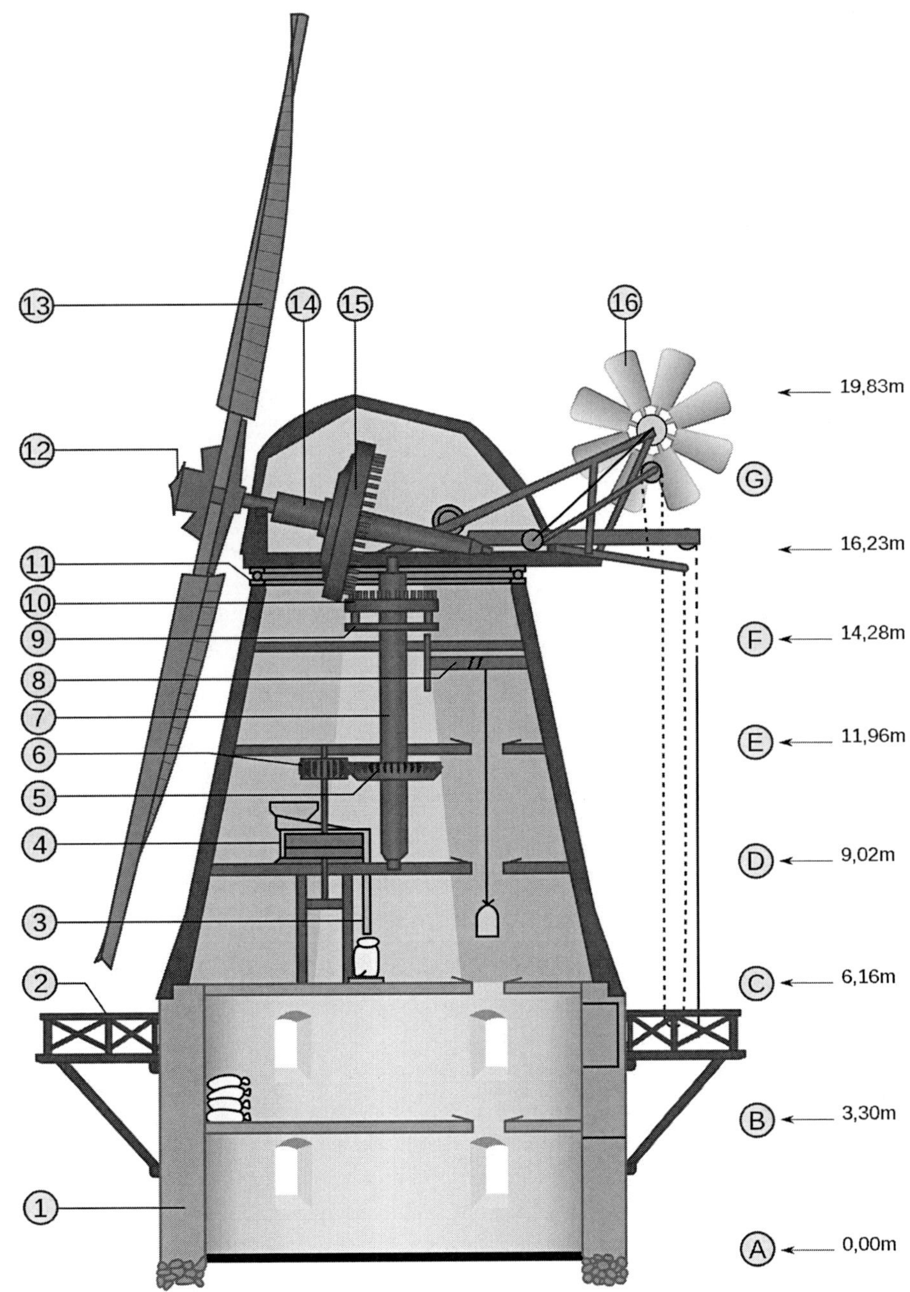

Lernwerkstatt Erneuerbare Energien – Bestell-Nr. 12 765
KOHL VERLAG

1. Zur Geschichte der Nutzung von Windkraft (Blatt 2)

Aufgabe 2: *Ordne die im Kasten unten stehenden Elemente der Mühle den Buchstaben und Nummern passend zu.*

(1) ______________________

(2) ______________________

(3) ______________________

(4) ______________________

(5) ______________________

(6) Stockrad

(7) ______________________

(8) ______________________

(9) ______________________

(10) Obenbunkler

(11) ______________________

(12) ______________________

(13) ______________________

(14) ______________________

(15) ______________________

(16) ______________________

(A) ______________________

(B) ______________________

(C) ______________________

(D) Steinboden

(E) ______________________

(F) ______________________

(G) ______________________

Mühle in Berlin-Britz nach der Restaurierung 2021

Elemente der Britzer Mühle
„Spinne“ zur Jalousiesteuerung – Hebetisch – Kappe – Kappboden – Galerie – Hebeboden – steinerner Unterbau – Mehlrohr – Mehlboden – Sackaufzug – Ruten mit Jalousien – Obenkammrad – Galerieboden – Drehkranz – Stirnrad – Mahlgang – Anlieferungshalle – Windrose – Königswelle – Flügelwelle

2. Funktionsprinzip und Technik von Windkraftanlagen (Blatt 1)

Strom aus Wind – so funktioniert es

Der Energieträger Wind ist kostenlos und unbegrenzt verfügbar. Windenergieanlagen nutzen diesen „Rohstoff", indem der Rotor der Anlage die Bewegungsenergie des Windes aufnimmt und als Rotationsenergie wirken lässt. Ein Generator wandelt die kinetische Energie anschließend in elektrische Energie um. Entscheidend für einen hohen Stromertrag sind vor allem hohe mittlere Windgeschwindigkeiten und die Größe der Rotorflächen.

Bei zunehmender Höhe über dem Erdboden weht der Wind stärker und gleichmäßiger. Je höher die Windenergieanlage und je länger die Rotorblätter, desto besser kann die Anlage das Windenergieangebot ausnutzen.

Windenergieanlagen haben sich bereits nach etwa drei bis sieben Monaten energetisch amortisiert. Das heißt, nach dieser Zeit hat die Anlage so viel Energie produziert, wie für Herstellung, Betrieb und Entsorgung aufgewendet werden muss. Dies ist im Vergleich zu anderen erneuerbaren Energien sehr kurz. Konventionelle Energieerzeugungsanlagen amortisieren sich dagegen nie energetisch, denn es muss im Betrieb immer mehr Energie in Form von Brennstoffen eingesetzt werden, als man an Nutzenergie erhält.

Außerdem bietet die Windenergienutzung kurz- bis mittelfristig das wirtschaftlichste Ausbaupotenzial unter den erneuerbaren Energien. Die Stromerzeugung durch Windenergieanlagen spielt daher eine bedeutende Rolle für die Energiewende.

(entnommen und überarbeitet aus: https://www.umweltbundesamt.de/themen/klima-energie/erneuerbare-energien/windenergie-an-land#strom)

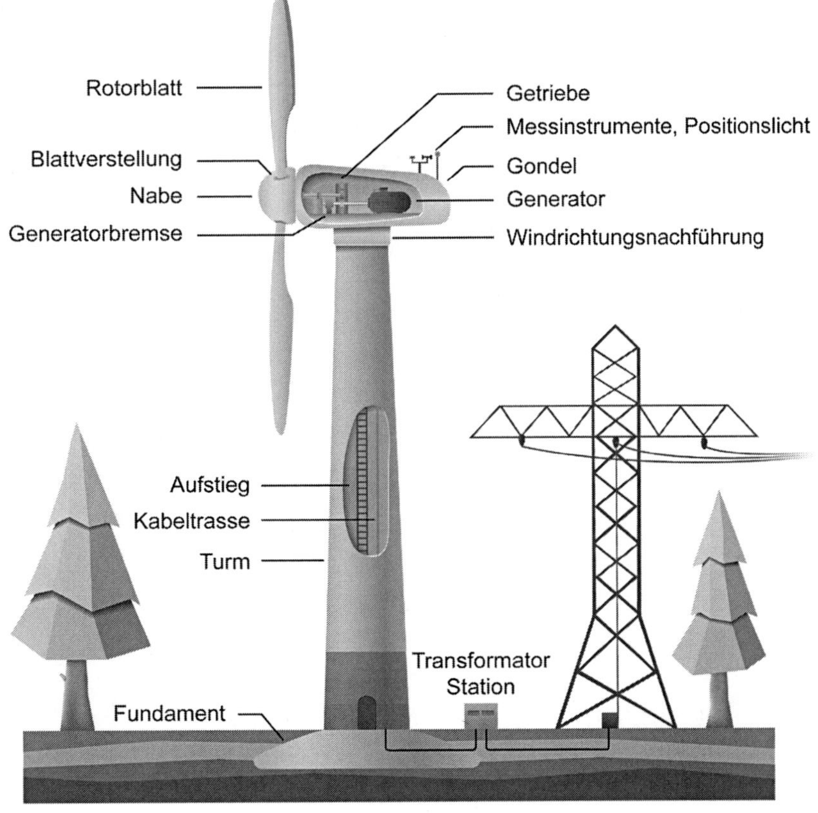

2. Funktionsprinzip und Technik von Windkraftanlagen (Blatt 2)

Aufgabe: *Teste dein Wissen.*
Welche Angaben sind zutreffend? Kreuze an.

1. Klassische Windmühlen (De Nolet* ausgenommen) haben eine maximale Höhe von

   O A etwa 25 m   O B knapp 30 m   O C knapp 34 m   O D etwa 45 m

2. Moderne Windkraftanlagen erreichen eine durchschnittliche Nabenhöhe von

   O A 42,5 m   O B 90 m   O C bis über 160 m   O D über 200 m

3. Der durchschnittliche Rotordurchmesser eines Windrades beträgt

   O A etwa 50 m   O B etwa 90 m   O C bis 100 m   O D bis über 160 m

4. Der Flügel der größten Windkraftanlage an Land hat ein Gewicht von

   O A 10 t   O B 25 t   O C 50 t   O D 65 t

5. Windkraftanlagen an Land liefern eine Nennleistung von

   O A etwa 500 kW   O B etwa 1 MW   O C 2-5 MW   O D bis 15 MW

6. Unter einem Windpark versteht man

   O A eine Landschaft mit erhöhter Windintensität
   O B eine Grünanlage, in welcher ein oder mehrere Windräder stehen
   O C eine Gruppe von Windkraftanlagen an Land oder auf See
   O D eine Gruppe von Windkraftanlagen ausschließlich an Land

***Interessant und kurios**

Das im Jahr 2005 im Stil einer Holländerwindmühle errichtete Bauwerk *De Nolet* ist mit einer Höhe von 42,5 m die höchste „Windmühle“ der Welt. Bereits seit dem 18. Jahrhundert prägte eine Gruppe von besonders hohen Windmühlen das Ortsbild von Schiedam. Diese Mühlen dienten ehemals vor allem zum Mahlen von Malz für die zahlreichen Brennereien. Von diesen **historischen Mühlen** – *De Nolet* ausgenommen – ist die Mühle *De Noord* (Baujahr 1803) mit einer Kappenhöhe (ohne Flügel) von 33,3 m heute die höchste.

Im Jahre 2005 ließ die Schiedamer Brennerei *Nolet Distillery* neben ihrem Betriebsgelände eine neue Windmühle im alten Stil zu Werbezwecken aufbauen. Die *Noletmühle* dient nicht zum Mahlen von Getreide oder Malz, sondern zur Erzeugung von Strom für den Eigenbedarf der *Nolet-Brennerei*. Dazu wurde in die Kappe der Mühle ein elektrischer Generator eingebaut. Die Mühle erzeugt jährlich etwa 250 MWh an elektrischer Energie.

3. Offshore-Windparks – Mehr Energie vom Meer (Blatt 1)

Die Bundesregierung zur Nutzung der Windenergie auf See (Offshore-Windenergie)

Der Wind weht auf See deutlich stärker und stetiger als an Land. Die Energieausbeute von Windenergieanlagen auf See ist daher bedeutend höher, weshalb auch die Windenergie auf See zu den Schlüsseltechniken einer nachhaltigen Energieversorgung zählt, mit denen die klimapolitischen Ziele der Bundesregierung erreicht werden sollen.

(entnommen aus: https://www.umweltbundesamt.de/themen/klima-energie/erneuerbare-energien/windenergie-auf-see-offshore-windenergie)

Auszug aus dem Gesetz zur Entwicklung und Förderung der Windenergie auf See
(Windenergie-auf-See-Gesetz – WindSeeG)

§ 1 Zweck und Ziel des Gesetzes

(1) Zweck dieses Gesetzes ist es, insbesondere im Interesse des Klima- und Umweltschutzes die Nutzung der Windenergie auf See insbesondere unter Berücksichtigung des Naturschutzes, der Schifffahrt sowie der Offshore-Anbindungsleitungen auszubauen.

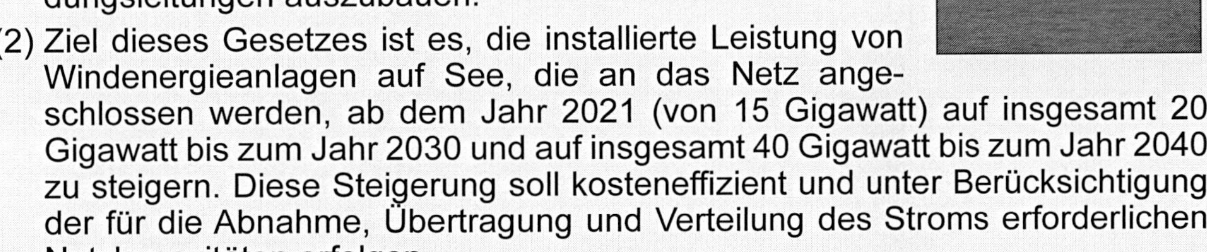

(2) Ziel dieses Gesetzes ist es, die installierte Leistung von Windenergieanlagen auf See, die an das Netz angeschlossen werden, ab dem Jahr 2021 (von 15 Gigawatt) auf insgesamt 20 Gigawatt bis zum Jahr 2030 und auf insgesamt 40 Gigawatt bis zum Jahr 2040 zu steigern. Diese Steigerung soll kosteneffizient und unter Berücksichtigung der für die Abnahme, Übertragung und Verteilung des Stroms erforderlichen Netzkapazitäten erfolgen …

http://www.gesetze-im-internet.de/windseeg/__1.html

Aufgabe 1: **a)** *Wie hat sich die Nutzung der Offshore-Windenergie im Zeitraum von 2011 bis 2021 in Deutschland entwickelt? (siehe statistische Angaben im Kapitel X auf Seite 62)*

____

____

b) *Vergleiche die Nutzung der Windkraft auf dem Land und auf See im Jahr 2021. (siehe statistische Angaben im Kapitel X auf Seite 62)*

____

____

c) *Welches Ziel setzt die Bundesregierung (siehe oben) betreffs der bis zum Jahr 2030 und bis 2040 zu installierenden Leistung von Offshore-Windenergie? Gib die Steigerung jeweils auch in Prozent an.*

2021: bis 2030: bis 2040:

____

Lernwerkstatt Erneuerbare Energien – Bestell-Nr. 12 765
KOHL VERLAG

3. Offshore-Windparks – Mehr Energie vom Meer (Blatt 2)

Aufgabe 2: *Stelle auf einem Extrablatt in einer Tabelle in Stichpunkten Vorteile und Nachteile von Offshore-Windkraftanlagen gegenüber.*

Aufgabe 3: *Fertige einen Steckbrief des Offshore-Windparks „alpha ventus“ an. Was interessiert uns dabei (s. Sprechblase)? Trage die wichtigen Punkte unten ein.*

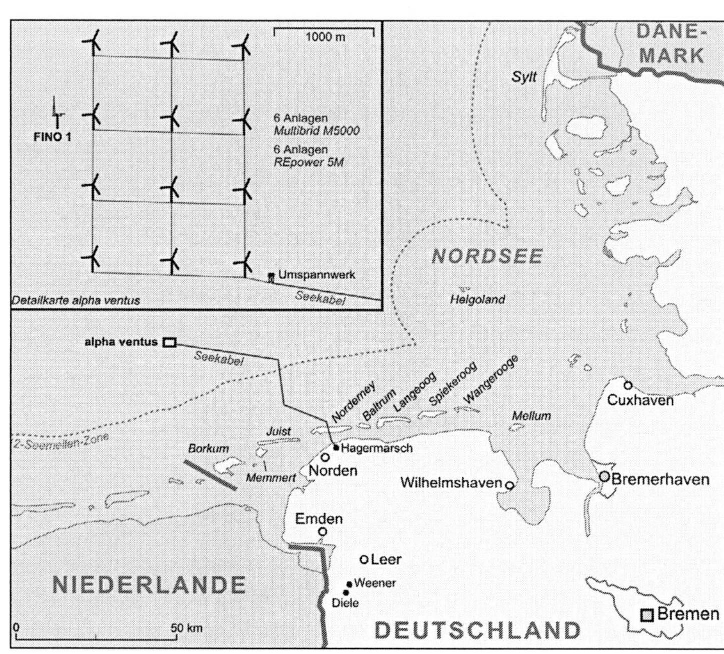

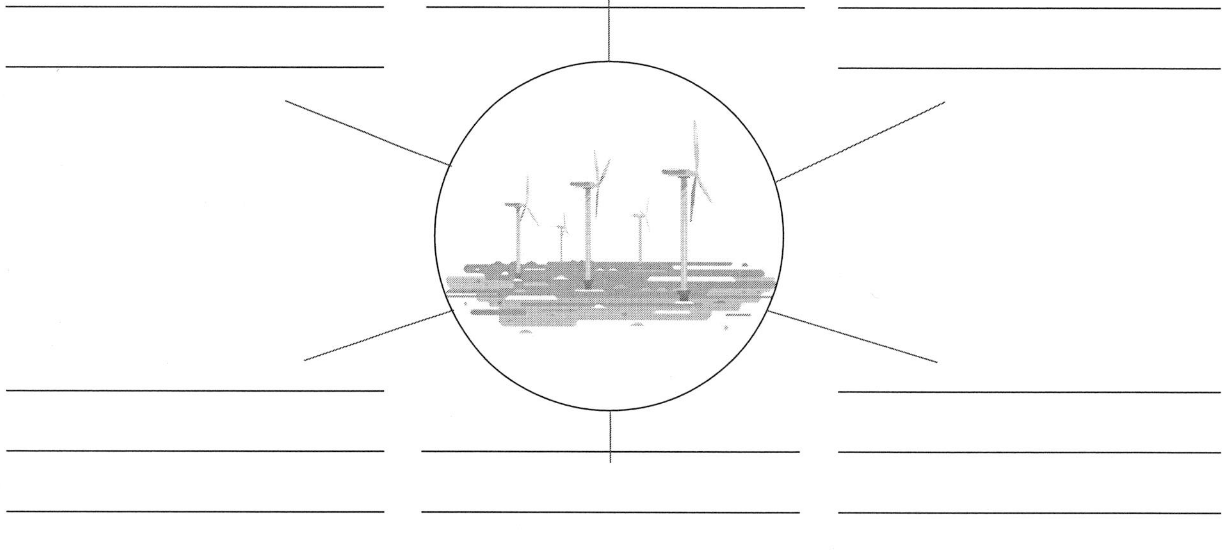

KOHL VERLAG

4. Pro und Contra Windkraftanlagen (Blatt 1)

Aufgabe 1: *Welchen Nutzen und welche Vorteile bieten Windkraftanlagen? Antworte in Stichpunkten. Verwende dazu die nachfolgende Grafik.*

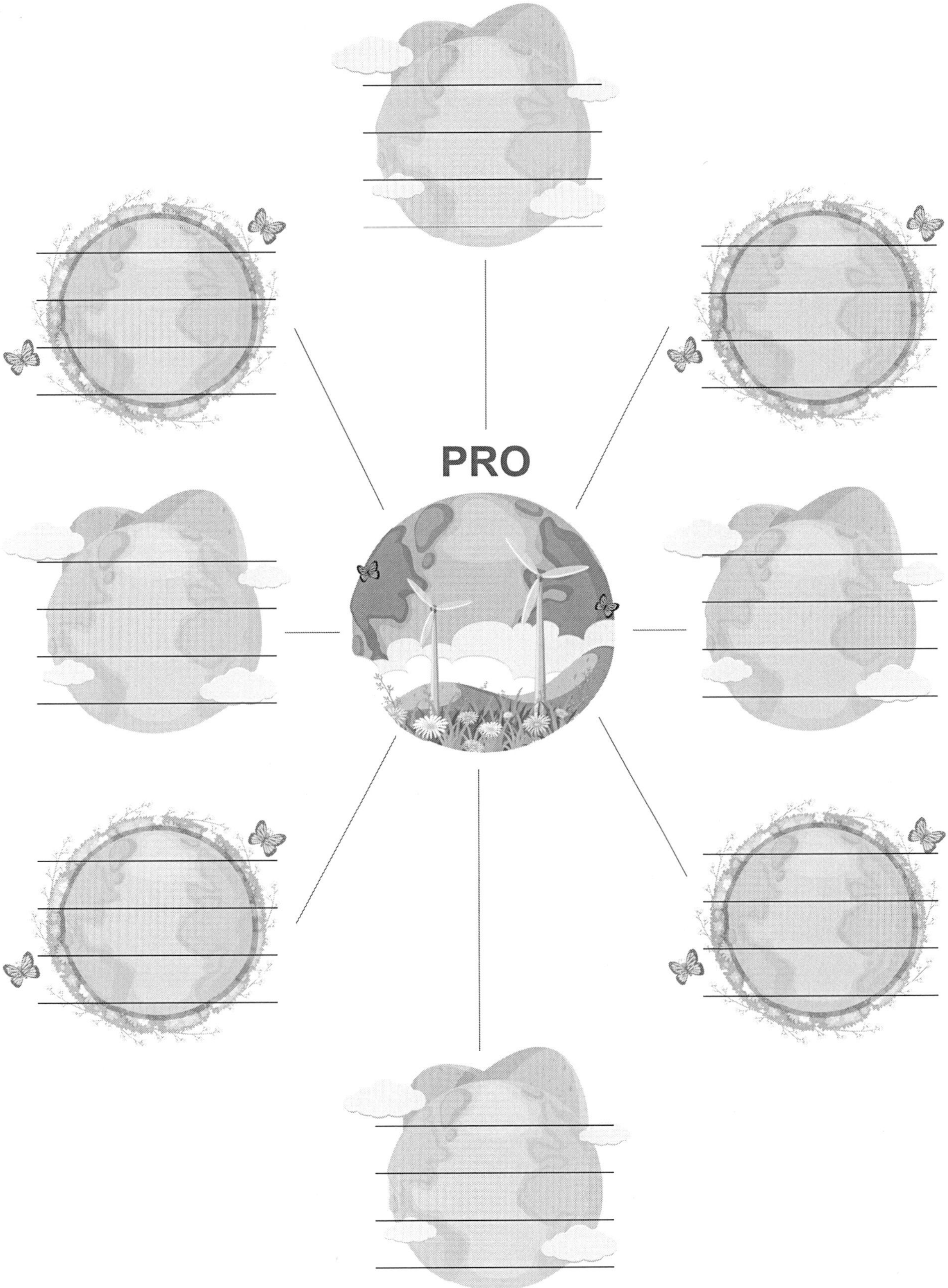

PRO

4. Pro und Contra Windkraftanlagen (Blatt 2)

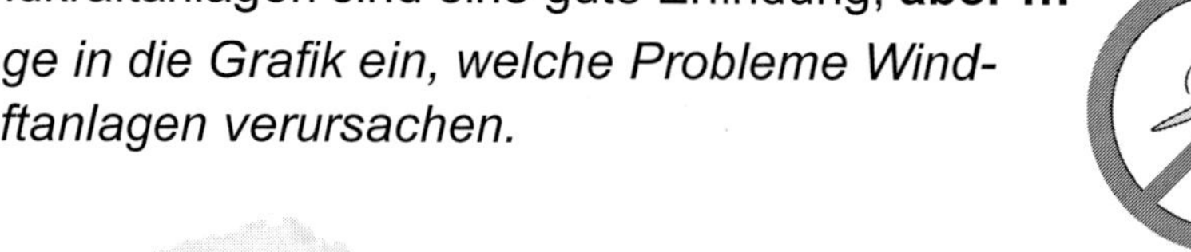

Aufgabe 2: Windkraftanlagen sind eine gute Erfindung, **aber …**
Trage in die Grafik ein, welche Probleme Windkraftanlagen verursachen.

Aus dem Umweltbundesamt

… Um Beeinträchtigungen von Pflanzen und Tieren sowie ihrer Lebensräume zu begrenzen, sollten naturschutzfachlich besonders wertvolle Bereiche wie etwa Naturschutzgebiete oder gesetzlich geschützte Biotope von Windenergieanlagen freigehalten werden …

(entnommen aus: https://www.umweltbundesamt.de/themen/klima-energie/erneuerbare-energien/windenergie-an-land#natur)

Einheiten der Leistung

Für Leistungsangaben von Kraftwerken sind sehr große Einheiten erforderlich.

Watt	1 W
Kilowatt	1 kW = 10^3 W
Megawatt	1 MW = 10^6 W
Gigawatt	1 GW = 10^9 W
Terawatt	1 TW = 10^{12} W
Petawatt	1 PW = 10^{15} W

Beispiele:
- Die installierte Windkraftleistung in ganz Europa beträgt 133 GW (Stand 2014).
- Die Wärmeleistung des Golfstromes beträgt 1,5 PW.

Aufgabe 3: *Gib 2 weitere Beispiele für technische/natürliche Objekte mit großer Leistung an und schreibe sie in dein Heft.*

1. Allgemeines zur Nutzung der Solarenergie

Energie mit den Sonnenstrahlen fangen

Die Sonne sendet mit ihrer Strahlung bei Berücksichtigung des Einflusses der Erdatmosphäre und des unterschiedlichen Einfallswinkels der Strahlen je nach geographischer Breite und Neigung der Erde während des Umlaufes um die Sonne durchschnittlich in jeder Sekunde 165 Joule Energie auf einen Quadratmeter unserer Erdoberfläche – Grundlage für pflanzliches Wachstum und Leben. (Die 2015 von der IAU festgelegte Solarkonstante beträgt 1361 W/m².)

Energie

Ein Teil dieser Sonnenenergie wurde in geologischer Vorzeit in fossilen Brennstoffen gespeichert. Da die Energieumwandlungsprozesse bei der Nutzung fossiler Brennstoffe u. a. mit der Emission von Treibhausgasen verbunden sind, steht aktuell die Aufgabe an, die Energie der Sonne mit ihren Strahlen aufzufangen, um sie direkt als erneuerbare Energie mit den Techniken der Solarthermie und Photovoltaik zu nutzen.

Aufgabe 1: Die Solarkonstante gibt die langjährig gemittelte extraterrestrische Bestrahlungsstärke an, die von der Sonne bei mittlerem Abstand Erde-Sonne ohne den Einfluss der Atmosphäre senkrecht zur Strahlrichtung auf die Erdoberfläche auftrifft.

Welche Faktoren führen dazu, dass eine wesentlich geringere „Sonnenleistung" auf der Erde wirksam wird?

____

____

Aufgabe 2: *Wie nutzten die Menschen bereits im Altertum die Sonnenenergie?*

____

____

Aufgabe 3: *Wie wird die Sonnenenergie in der Gegenwart genutzt? Nenne zwei wesentliche Anwendungsarten.*

____

____

Lernwerkstatt Erneuerbare Energien – Bestell-Nr. 12 765
KOHL VERLAG

2. Solarthermie – Sonnenkollektoren (Blatt 1)

Sonnenkollektoren (auch: thermische Solarkollektoren) wandeln Sonnenenergie in Wärmeenergie um. Sie sind Bestandteile einer thermischen Solaranlage. Die erzeugte Wärme wird vorrangig zu Heizungszwecken verwendet. Solarkollektoren werden auf Gebäudedächern oder als Freiflächen installiert. Prinzipiell unterscheidet man:

Sonnenkollektoren

Solarthermische Kollektoren *ohne* die Konzentration der Strahlung zur Anhebung der Temperatur	Solarthermische Kollektoren *mit* Konzentration der Strahlung zur Anhebung der Temperatur
Bild 1  Beispiel: Dachaufbau-Flachkollektor	Bild 2  Beispiel: Parabolrinnenkollektor

Aufgabe 1:

Wie geht es mit der vom Dachaufbau-Flachkollektor eingefangenen Wärme weiter (Wärmeaustausch, Weiterleitung, Nutzung)? Fertige gegebenenfalls eine Skizze an.

____

____

____

____

____

Bild 3

Bild 4

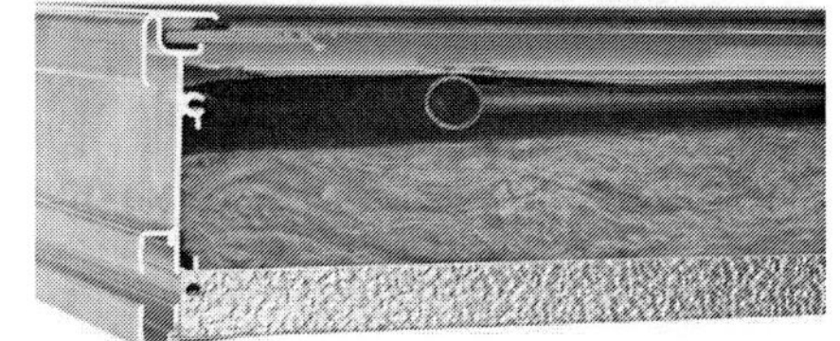

Querschnitt eines Flachkollektors

Lernwerkstatt Erneuerbare Energien – Bestell-Nr. 12 765

2. Solarthermie – Sonnenkollektoren (Blatt 2)

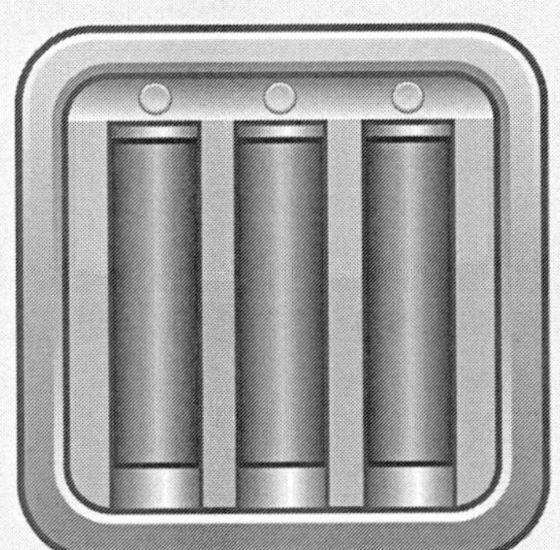

Außer dem Flachkollektor wird der **Vakuumröhrenkollektor** verwendet. Vakuumröhrenkollektoren bestehen aus zwei konzentrisch ineinander gebauten Glasröhren. Zwischen diesen Glasröhren befindet sich ein Vakuum, das die Übertragung der Strahlungsenergie des Lichts zum Absorber zulässt, aber einen Wärmeverlust nach außen stark verringert. In der inneren Röhre befindet sich ein Wärmeübertragungsmedium, das sich erwärmt und durch Pumpen angetrieben die Wärme transportiert. Vakuumröhrenkollektoren haben einen höheren Wirkungsgrad als Flachkollektoren, sind aber typischerweise teurer in der Anschaffung.

Aufgabe 2: *Begründe physikalisch, dass Vakuumröhrenkollektoren einen höheren Wirkungsgrad als Flachkollektoren haben.*

Zur Erinnerung:
Wirkungsgrad:

$$\eta = \frac{E_{ab}}{E_{zu}}$$

KOHL VERLAG Lernen mit Erfolg
Lernwerkstatt Erneuerbare Energien – Bestell-Nr. 12 765

2. Solarthermie – Sonnenkollektoren (Blatt 3)

Aufgabe 3: *Wo werden Vakuumröhrenkollektoren eingesetzt?*

____

____

____

____

____

____

____

____

____

____

____

Aufgabe 4: *Erkunde, wie die Beheizung des Wassers in der Schwimmhalle deiner Stadt bzw. der nächstgelegenen Schwimmhalle erfolgt.*

____

____

____

____

____

____

____

____

KOHL VERLAG Lernwerkstatt Erneuerbare Energien – Bestell-Nr. 12 765

2. Solarthermie – Sonnenkollektoren (Blatt 4)

Solarthermische Kollektoren mit Konzentration der Strahlung zur Anhebung der Temperatur

Vakuumröhrenkollektoren können auch Reflektoren enthalten, die die Strahlung auf das Rohr mit dem Wärmeträgermedium konzentrieren.

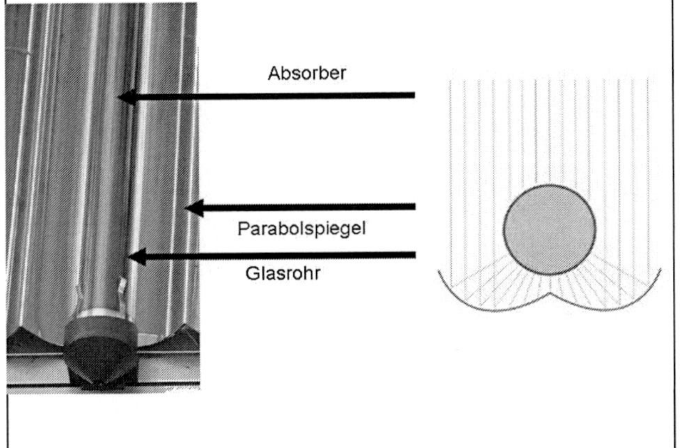

Parabolrinnenkollektoren – wesentliche Elemente von Parabolrinnenkraftwerken – bestehen aus gewölbten Spiegeln, die das Sonnenlicht auf ein in der Brennlinie verlaufendes Absorberrohr bündeln. Die Länge solcher Kollektoren liegt je nach Bautyp zwischen 20 und 150 m. In den Absorberrohren wird die konzentrierte Sonnenstrahlung in Wärme umgesetzt und an ein zirkulierendes Wärmeträgermedium abgegeben. Die Parabolrinnen sind in Nord-Süd-Richtung angeordnet und werden nach der Höhe des Sonnenstandes im Tagesverlauf nachgeführt bzw. „gekippt“.

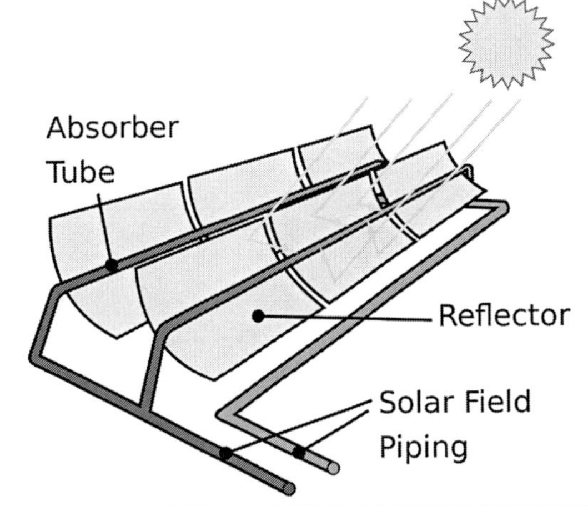

Aufgabe 5: *Wie ist eine Parabel definiert?*

___

___

Aufgabe 6: *Erläutere die Reflexion des Lichtes an einem Parabolspiegel.*

___

___

___

Mathematik und Physik – Ein Exkurs

Parabel und Brennpunkt

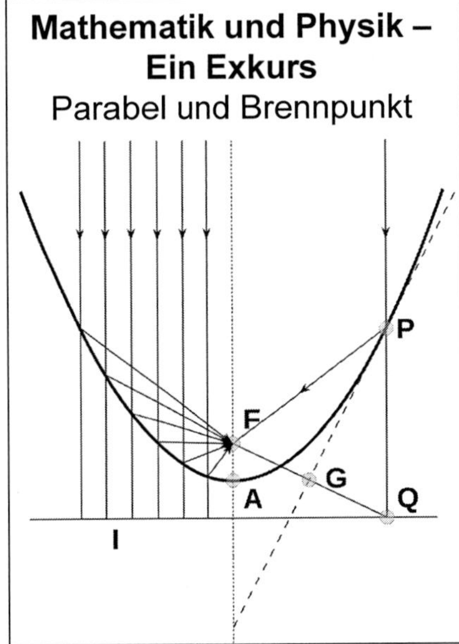

3. Solarwärmekraftwerke (Blatt 1)

Aufgabe 1: *Beschreibe Aufbau und Funktion eines Solarturmkraftwerkes. Nutze dazu die nachstehende Abbildung und die Nummerierung der wichtigsten Anlagenteile.*

Schema eines Solarturmkraftwerkes

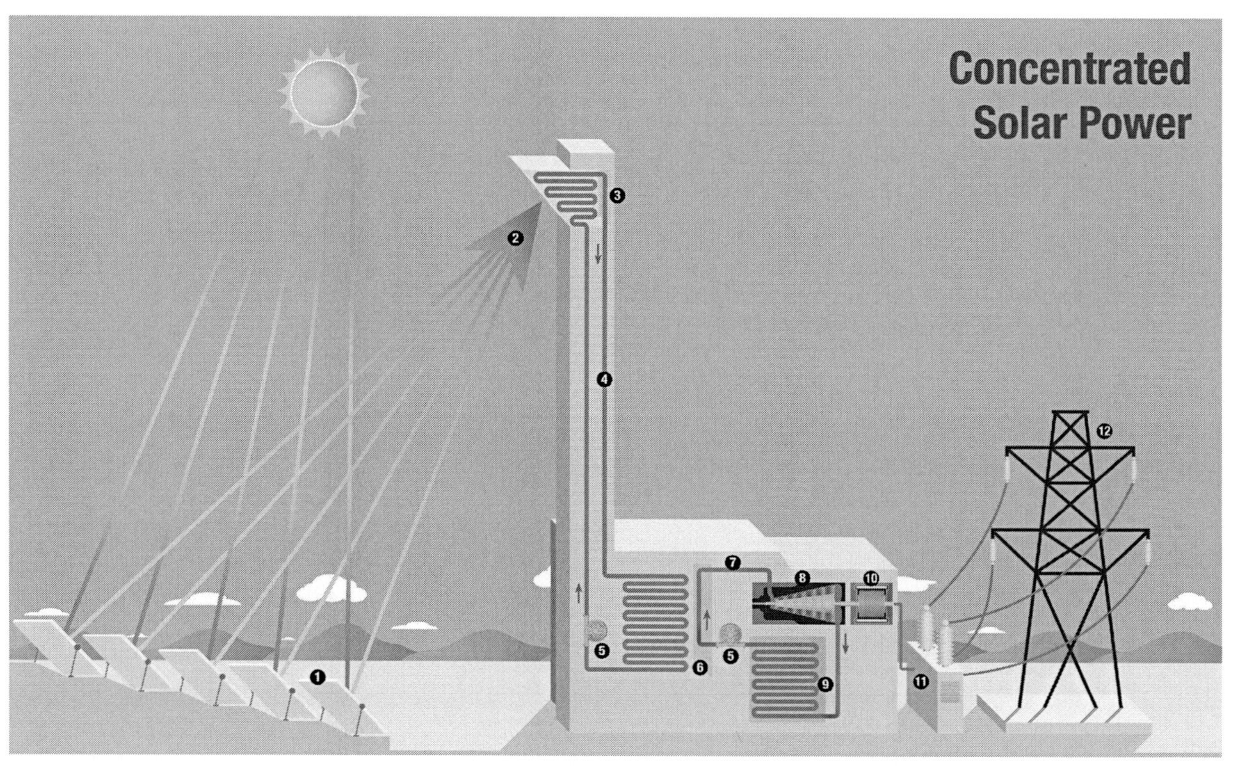

3. Solarwärmekraftwerke (Blatt 2)

Aufgabe 2: *Fertige einen „Steckbrief“ des Solarwärmekraftwerkes PS 10 in Spanien an. Schreibe unten in die Felder mit den Solarspiegeln.*

Solarwärmekraftwerke „Planta Solar“ PS 10 (vorn) und PS 20 (hinten rechts noch im Bau)

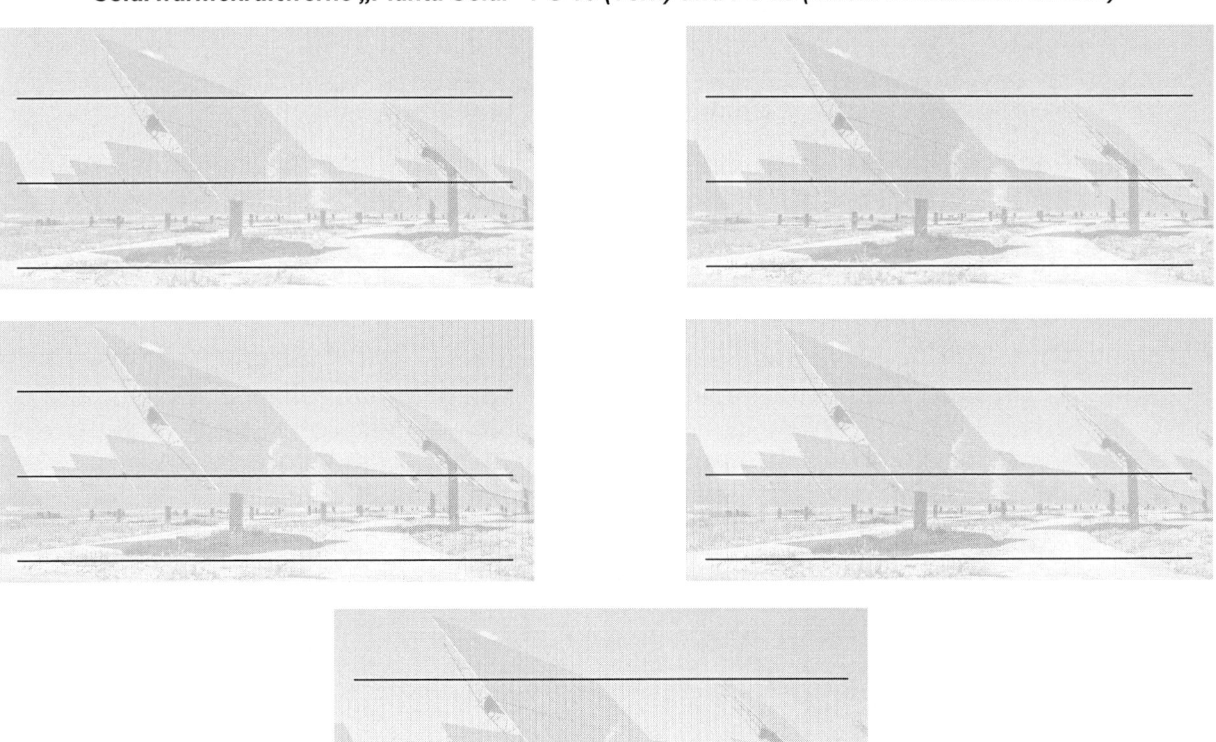

KOHL VERLAG Lernen mit Erfolg – Lernwerkstatt Erneuerbare Energien – Bestell-Nr. 12 765

1. Die Physik der Fotozelle (Blatt 1)

Elektrizität und geheimnisvolle Stoffe

Schon im alten Griechenland wusste man von den elektrostatischen Kräften, die von mit Wolle geriebenem **Bernstein** – fossilem Harz – ausgehen. So hat die Bezeichnung des kleinsten negativ geladenen Elementarteilchens mit dem Wort „Elektron" ihren Ursprung in der griechischen Antike, denn *„élektron"* kommt aus dem Altgriechischen und bedeutet „Bernstein".

Erst viele Jahrhunderte später gelangen die entscheidenden Entdeckungen zur Erzeugung von nutzbarerer Elektrizität und der Möglichkeiten, die Energie des Lichtes mit Hilfe anderer Elemente direkt in Elektrizität umzuwandeln.

Im Jahr 1839 stieß Alexandre Edmond Becquerel (1820–1891) bei Experimenten mit elektrolytischen Zellen auf den **photoelektrischen Effekt**. Beim Messen des Stromes zwischen den Elektroden stellte er fest, dass der Strom bei Licht geringfügig größer war als im Dunkeln. Damit entdeckte er die Grundlage der Photovoltaik.

Weitere Forschungen wurden betrieben. So entdeckte beispielsweise William Grylls Adams im Jahr 1876, dass ein Feststoff Licht direkt – ohne Umweg über Wärme und mechanische Energie – in elektrische Energie wandeln kann. Er benutzte für sein Experiment **Selen**, was allerdings nicht geeignet war, genügend elektrische Energie zur Versorgung damals verwendeter elektrischer Bauteile zur Verfügung zu stellen.

1907 lieferte Albert Einstein eine theoretische Erklärung des lichtelektrischen Effekts, wofür er 1921 den Nobelpreis für Physik erhielt. 1940 entdeckte Russel S. Ohl, dass durch Beleuchtung von **Silizium** ein Strom erzeugt werden konnte.

Die Entdeckung des p-n-Übergangs (Kristallgleichrichters) im Jahre 1947 durch William B. Shockley, Walther H. Brattain und John Bardeen war ein weiterer großer Schritt zur Solarzelle in ihrer heutigen Form und zur Entwicklung der Halbleitertechnik. Diese erste Solarzelle wurde in den Laboratorien der amerikanischen Firma Bell gebaut. Während 1954 die Mitarbeiter der Firma Bell unter Teamleiter Morton Price einen Gleichrichter, der mit Hilfe von Silicium arbeitete, untersuchten, beobachteten sie, dass dieser mehr Strom lieferte, wenn er in der Sonne stand, als wenn er zugedeckt war.

Die industrielle Fertigung von Solarzellen als Stromquellen begann. Der am häufigsten dazu verwendete Grundstoff ist Silizium – physikalisch ein Halbleiter. Silizium steht in nahezu unbegrenzter Menge zur Verfügung. Es kommt in der Natur als Siliciumoxid (Quarz) oder Silicat als zweithäufigstes Element der Erdrinde vor und wird technisch vom Sauerstoff unter hoher Temperatur getrennt.

Aufgabe 1: *Interpretiere die Aussage „Silizium ist das Gold der Halbleitertechnik"*

____

____

KOHL VERLAG
Lernwerkstatt Erneuerbare Energien – Bestell-Nr. 12 765

1. Die Physik der Fotozelle (Blatt 2)

Aufgabe 2: *Ergänze den Aufbau eines Siliziumatoms. Was folgt daraus für die Stellung von Silizium im Periodensystem der Elemente und für die elektrische Leitfähigkeit dieses Elements?*

Symbol	
Periode im PSE	
Gruppe im PSE	
Atomkern	
Atomhülle	
Elektronen auf der Außenschale	

Aufgabe 3: *Was besagt der von Albert Einstein begründete (äußere) photoelektrische Effekt?*

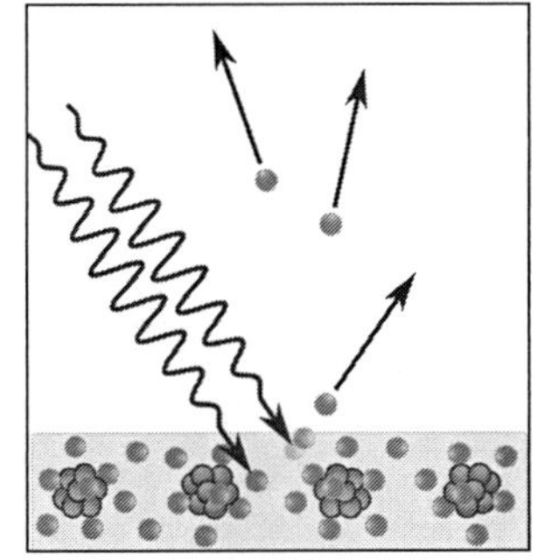

Aufgabe 4: *Zu welchem bedeutenden Zeck und ab welchem Jahr wurden die ersten großen „Aus Licht werde Elektrizität"-Anlagen praktisch eingesetzt?*

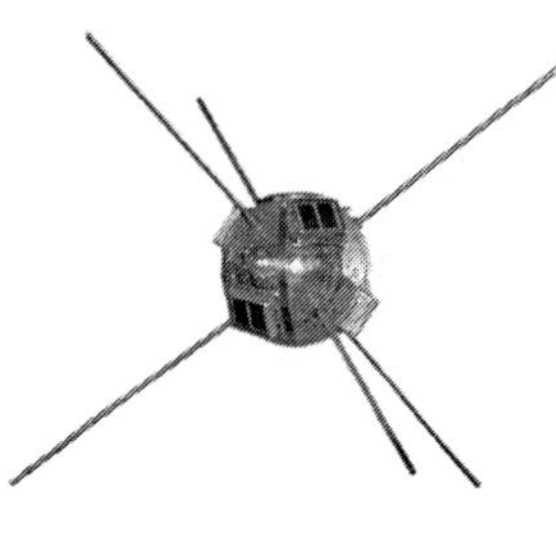

1. Die Physik der Fotozelle (Blatt 3)

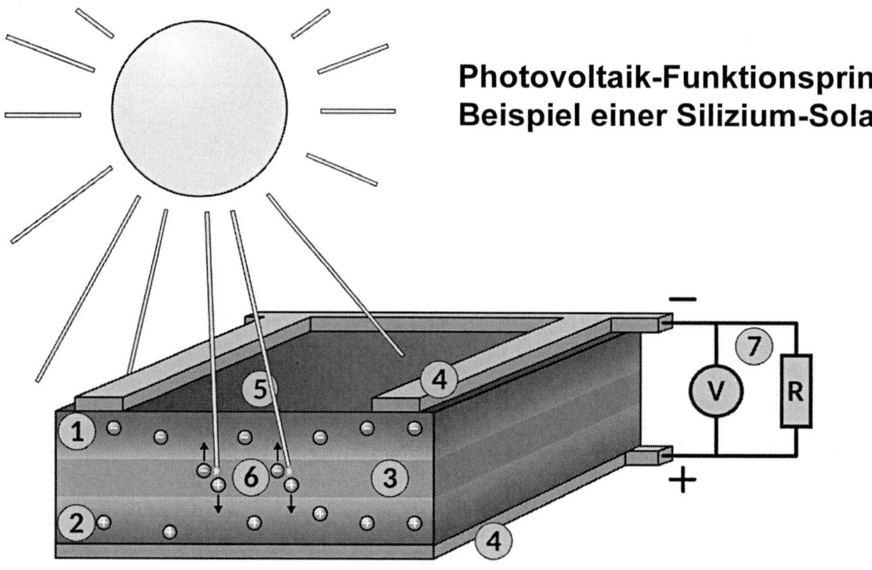

Erläuterungen zu den Ziffern

1. Die obere Siliziumschicht ist mit Elektronendonatoren (Elektronenspender, z. B. Phosphoratome) durchsetzt – negativ dotiert. Hier gibt es zu viele Elektronen (n-Schicht = negativ).
2. Die untere Siliziumschicht ist mit Elektronenakzeptoren (Elektronenempfänger, z. B. Boratome) durchsetzt – positiv dotiert. Hier gibt es zu wenige Elektronen, also zu viele Fehlstellen oder Löcher (p-Schicht = positiv).
3. Im Grenzbereich der beiden Schichten binden sich die überschüssigen Elektronen der Elektronenspender locker an die Fehlstellen der Elektronen-Akzeptoren (sie besetzen die Fehlstellen im Valenzband) und bilden eine neutrale Zone (p-n-Übergang).
4. Da nun innerhalb des Grenzbereiches (6) oben Elektronen- und unten Fehlstellenmangel herrscht, bildet sich zwischen der oberen und unteren Kontaktfläche ein ständig vorhandenes elektrisches Feld (Pluspol bei der n-Schicht, Minuspol bei der p-Schicht).
5. Photonen (Lichtquanten, „Sonnenstrahlen“) gelangen in die Übergangsschicht.
6. Photonen mit ausreichender Energiemenge übertragen in der neutralen Zone ihre Energie an die locker gebundenen Elektronen im Valenzband des Siliziums. Das löst diese Elektronen aus ihrer Bindung und hebt sie ins Leitungsband. Viele dieser freien Ladungsträger (Elektron-Loch-Paare) verschwinden nach kurzer Zeit durch Rekombination wieder. Einige Ladungsträger driften – bewegt vom elektrischen Feld – zu den Kontakten in die gleichartig dotierten Zonen (s. o.); d. h. die Elektronen werden von den Löchern getrennt, die Elektronen driften nach oben, die Löcher nach unten. Eine Spannung und ein nutzbarer Strom entstehen, solange weitere Photonen ständig freie Ladungsträger erzeugen.
7. Der „Elektronen“-Strom fließt durch den „äußeren Stromkreis“ zur unteren Kontaktfläche der Zelle und rekombiniert dort mit den zurückgelassenen Löchern.

Lernwerkstatt Erneuerbare Energien – Bestell-Nr. 12 765

2. Von der Fotozelle zum Solarmodul

Eine **Fotozelle** (auch: ***photovoltaische Zelle***) ist das kleinste Bauelement der Photovoltaik, in welchem Sonnenenergie in elektrische Energie umgewandelt wird und dient somit als Stromquelle.

Das traditionelle Grundmaterial für Halbleitersolarzellen ist Silicium.

Solarzellen haben beispielweise die Größe von 156 mm • 156 mm – sogenannte 6-Zoll-Zellen. Sie erzeugen etwa 5 V Spannung und haben einen Wirkungsgrad von 12 % bis 20 %.

Durch Reihenschaltung von einzelnen Solarzellen (36, 60 oder 72 sind gebräuchlich) entstehen die zur Energieerzeugung verwendeten **Solarmodule** (auch: ***Solarpanele***). Solarmodule sind als flexible und starre Ausführung verfügbar. Starre Solarmodule bestehen üblicherweise aus siliziumbasierten Solarzellen, die zwischen zwei Glasplatten oder einer Glasplatte und einer Rückseitenfolie mittels Einbettungsmaterial hermetisch verkapselt sind.

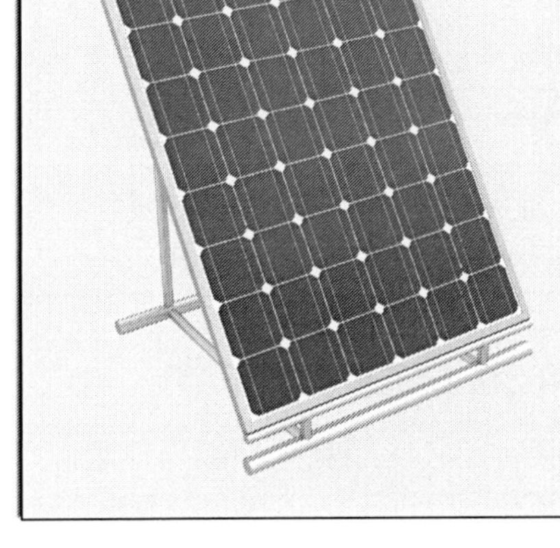

Die jeweils angegebene (Spitzen-)Nennleistung eines Solarmodules (in Watt Peak = Wp) wird nur bei Laborbedingungen mit einer Lichteinstrahlung von 1000 W/m², 25 °C Zelltemperatur und 90° Einstrahlungswinkel und einem Lichtspektrum von AM 1,5 erreicht.

Als Richtwerte kann man Folgendes ansetzen: Täglich liefert ein 100-Watt-Modul (bei ausgeschlossener Verschattung) zwischen 50 Wh und 700 Wh Energie. Für Standorte in Süddeutschland, der Schweiz und in Österreich kann man als Faustregel mit einem Jahresertrag von 1000 Wh pro Watt Nennleistung (Wp) rechnen.

Aufgabe: *Welchen Anforderungen (mechanisch, Witterung, Sicherheit) müssen Solarmodule genügen?*

____

____

____

____

____

____

____

____

3. Photovoltaikversorgung eines Wohnhauses

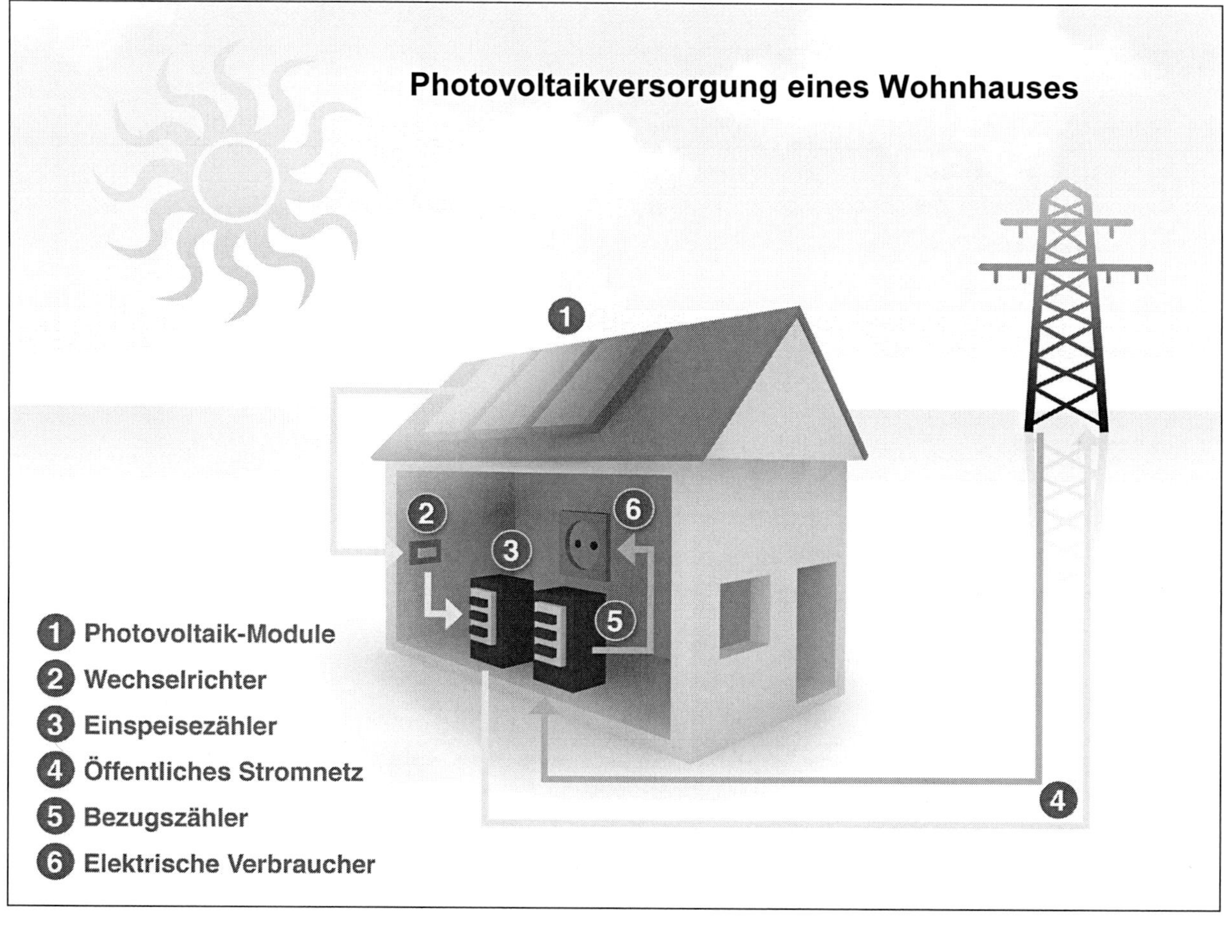

Aufgabe 1: *Erläutere die Photovoltaikversorgung eines Wohnhauses.*

____

____

____

____

Aufgabe 2: In Deutschland liefert die Sonne jährlich durchschnittlich auf 1 m² horizontale Fläche etwa 1000 kWh Sonnenenergie. Solarzellen (die dann zu sogenannten Solarmodulen zusammengefasst werden) wandeln Sonnenenergie in elektrische Energie um.

Wie viele Solarmodule mit einer Fläche von je 0,5 m² braucht man, um den elektrischen Jahresenergiebedarf eines Einfamilienhauses von ca. 4800 kWh zu decken, wenn der Wirkungsgrad der gesamten Photovoltaikanlage ca. 12 % beträgt?

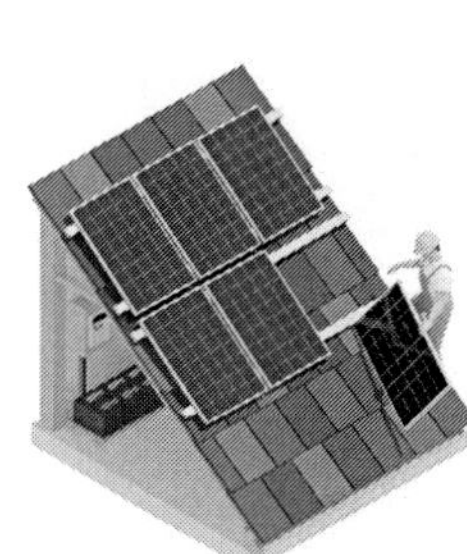

____

____

Lernwerkstatt Erneuerbare Energien – Bestell-Nr. 12 765
KOHL VERLAG

4. Photovoltaik-Freiflächenanlagen (Blatt 1)

Unter einer **Photovoltaik-Freiflächenanlage** (Bild 1) (auch **Solarpark**) versteht man eine Photovoltaikanlage, die als fest montiertes System ebenerdig auf einer freien Fläche aufgestellt ist. Mittels einer Unterkonstruktion können die Photovoltaikmodule in einem optimalen Winkel zur Sonne ausgerichtet werden. Neben den fest montierten Freiflächenanlagen gibt es auch nachgeführte ein- oder zweiachsige Anlagen (Bild 2), sogenannte Tracker-Systeme, die dem Stand der Sonne folgen.

Bild 1

Bild 2

Der von den Photovoltaikmodulen erzeugte Gleichstrom wird über einen Zentralwechselrichter geleitet und hier in Wechselstrom umgewandelt und anschließend ins öffentliche Mittelspannungsnetz eingespeist. Die Nennleistungen von Freilandanlagen liegen mindestens im Megawattbereich.

Aufgabe 1: *Begründe, dass nachgeführte Photovoltaikanlagen ergiebiger Strom produzieren als fest installierte Anlagen.*

___

___

___

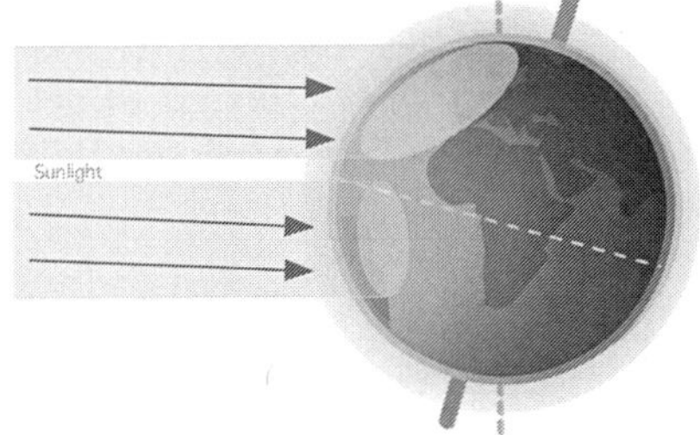

Aufgabe 2: *Gib Namen, Standorte, Flächen und Leistungen großer Photovoltaik-Freiflächenanlagen aus drei verschiedenen Ländern an.*

Land	Name	Fläche	Leistung

KOHL VERLAG Lernwerkstatt Erneuerbare Energien – Bestell-Nr. 12 765

4. Photovoltaik-Freiflächenanlagen (Blatt 2)

Anpassung der Flächenkulisse für PV-Freiflächenanlagen im EEG vor dem Hintergrund erhöhter Zubauziele (entnommen aus: Texte des Umweltbundesamtes 76/2022)

Die derzeit im EEG 2021 festgeschriebenen Zubauziele für erneuerbare Energien und damit auch für Photovoltaik reichen nicht aus, um die im Frühjahr 2021 erhöhten Klimaziele und die nunmehr im Koalitionsvertrag der neuen Bundesregierung benannten Ausbauziele für die Photovoltaik zu erreichen. Das derzeit in Überarbeitung befindliche EEG 2021 strebt einen Photovoltaikanlagenbestand von 100 GW im Jahr 2030 an.

Bis zum Jahr 2030 werden, je nach Weiterentwicklung der Flächeneffizienz und des Anteils von Anlagenkonzepten mit höherer Flächeninanspruchnahme (Agri-PV, Biodiv-PV), weitere ca. 60.000 bis 80.000 ha für den Ausbau von Freiflächenanlagen benötigt.

Aufgabe 3: *Unter den Begriffen Agri-Photovoltaik oder Agrophotovoltaik versteht man neuerdings auch die Möglichkeiten, Freiflächenanlagen mit landwirtschaftlicher Produktion auf umweltfreundliche Art zu kombinieren. Erläutere Möglichkeiten zur Umsetzung.*

Solarpark Untermöckenlohe

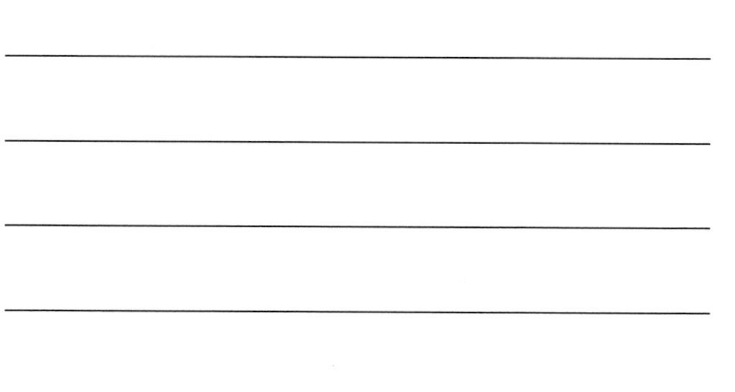

Solarpark Weesow-Willmersdorf mit Blühwiese unter den Modulen

Lernwerkstatt Erneuerbare Energien – Bestell-Nr. 12 765

5. Photovoltaik in Zahlen

Aufgabe 1: *Das Diagramm unten zeigt die Entwicklung der weltweit installierten Photovoltaikleistung von 2005 bis 2021. Welche Art von Wachstum liegt vermutlich* ***annähernd*** *vor? Kreuze an.*

☐ A lineare (gleichmäßige) Zunahme

☐ B quadratische Zunahme

☐ C annähernd exponentielles Wachstum

Aufgabe 2: *Erstelle eine Wertetabelle zur jährlich weltweit installierten Photovoltaikleistung im Zeitraum von 2005 bis 2021. Entnimm die Werte aus dem Diagramm unten.*

Jahr	Weltweit installierte Photovoltaikleistung	Jährlicher Zuwachs
2005		
2006		
2007		
2008		
2009		
2010		
2011		
2012		
2013		

Jahr	Weltweit installierte Photovoltaikleistung	Jährlicher Zuwachs
2014		
2015		
2016		
2017		
2018		
2019		
2020		
2021		

Was bedeutet W_p?
W_p heißt ausführlich **Watt Peak**. Mit dieser Einheit werden Spitzenleistungen in der Photovoltaik angegeben. Diese Einheit gehört nicht zu den normgerechten SI-Einheiten.

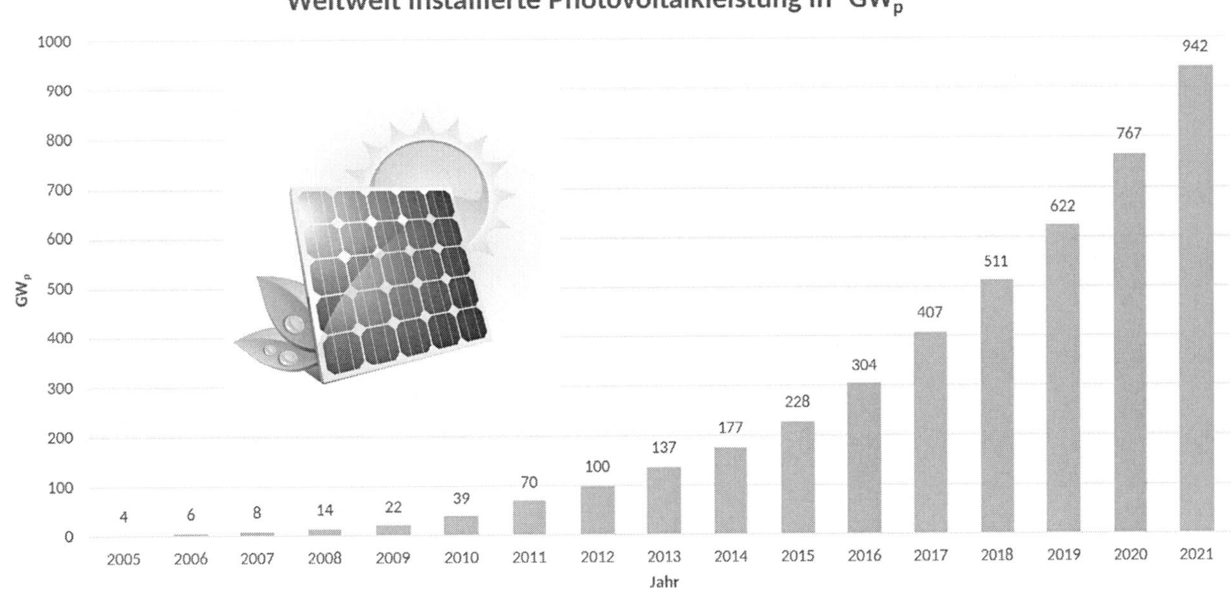

Lernwerkstatt Erneuerbare Energien – Bestell-Nr. 12 765
KOHL VERLAG

1. Was ist Bioenergie?

Aufgabe 1: *Schreibe auf ein Extrablatt ein kurzes modernes Märchen, welches so beginnt: „Rumpelstilzchen konnte Stroh zu Gold spinnen, aber das ist schon sehr, sehr lange her ... Heute ...“*

Bioenergie ist eine aus Biomasse durch Konversion in elektrische Energie, Wärme oder Kraftstoff umgewandelte, universell verwendbare Energieform. Sie greift auf **biogene Brennstoffe** (oder kurz Biobrennstoffe) zurück, also Brennstoffe biologisch-organischer Herkunft. Biobrennstoffe speichern in ihren chemischen Bindungen solare Strahlungsenergie, die von den Pflanzen als Primärproduzenten durch Photosynthese fixiert wurde. Durch Oxidation dieser Brennstoffe, meist durch Verbrennung, kann diese Energie wieder freigesetzt werden.
(aus: https://de.wikipedia.org/wiki/Bioenergie)

Die energetische Nutzung von Biomasse wird zunehmend kontrovers diskutiert. Denn Bioenergie hat teilweise zwar eine bessere Treibhausgasbilanz als fossile Energie. Jedoch kann der Anbau von Biomasse mit vielfältigen negativen Wirkungen auf Mensch und Umwelt verbunden sein.
(aus: https://www.umweltbundesamt.de/themen/klima-energie/erneuerbare-energien/bioenergie#bioenergie-ein-weites-und-komplexes-feld-)

Aufgabe 2: *Welche biogenen Brennstoffe kennst du? Ergänze damit die Zellen des Schemas.*

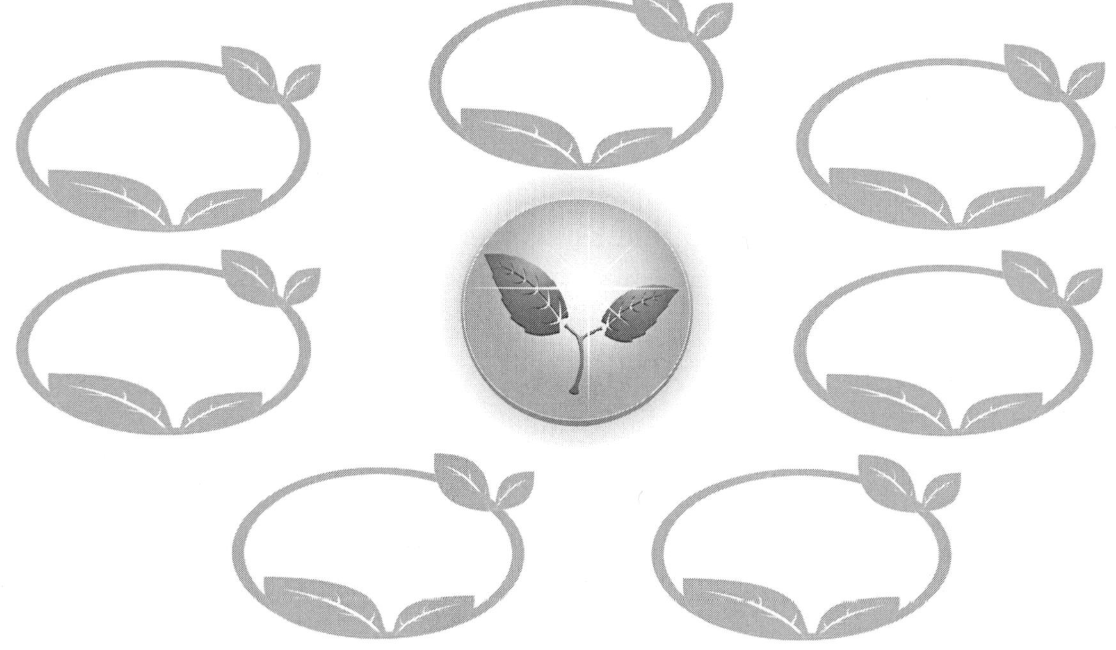

KOHL VERLAG Lernwerkstatt Erneuerbare Energien – Bestell-Nr. 12 765

2. Das Verfahren zur Gewinnung von Bioenergie (Blatt 1)

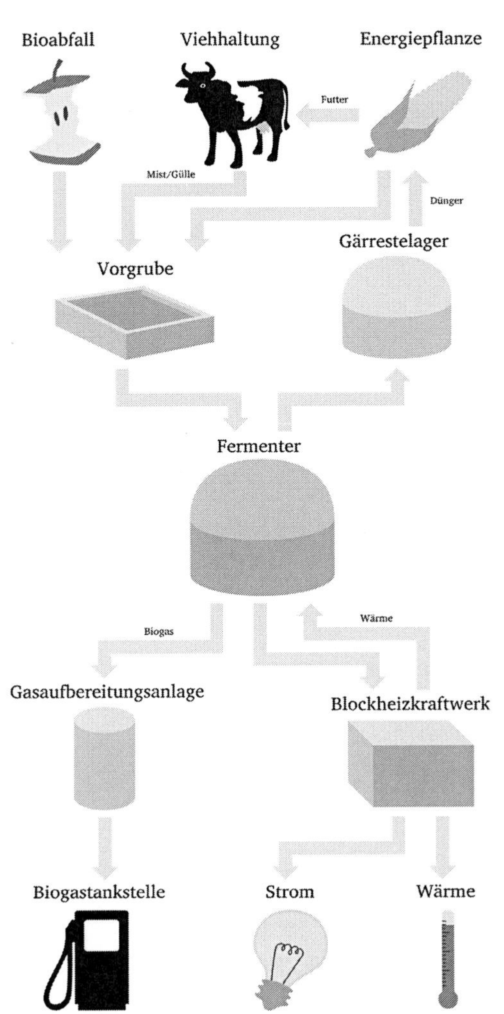

Die Trockenvergärung hat sich als optimale Technologie zur Verwertung organischer Rückstände und Abfälle erwiesen, die weltweit überwiegend in fester und stabiler Form vorliegen. Anaerobe Vergärung ist ein Prozess, bei dem Bakterien organische Materialien – wie Festmist, Bioabfälle und Lebensmittelabfälle – in Abwesenheit von Sauerstoff (O_2) biologisch abbauen. Anaerobe Vergärung zur Biogaserzeugung erfolgt in gasdichten Einheiten, den sogenannten Fermentern, die je nach Art des Ausgangsmaterials und der Beschickungsmenge in verschiedenen Formen und Größen konzipiert und gebaut werden. Diese Fermenter enthalten komplexe Bakterienkulturen, die den Abfall zersetzen, um Biogas und Gärrückstände zu erzeugen, die das Endprodukt des Vergärungsprozesses sind. In einem Fermenter können mehrere Arten von organischen Materialien (Einsatzstoffe) gemischt werden. Dies wird als Co-Digestion bezeichnet. Zu den gemeinsam vergorenen Substraten gehören Gülle, Lebensmittelabfälle oder Ernterückstände. Die Co-Vergärung kann die Biogasproduktion aus ertragsschwachen oder schwer zu vergärenden organischen Abfällen erhöhen.

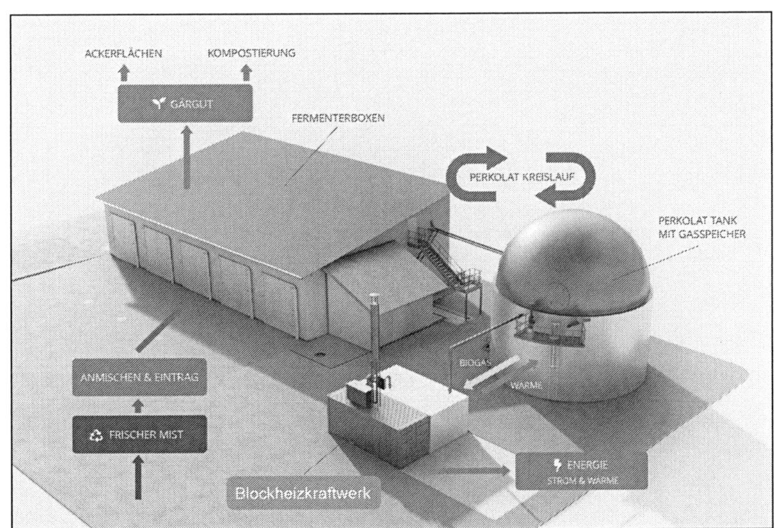

Aufgabe 1: *Welche Produkte werden in einer Biogasanlage erzeugt?*

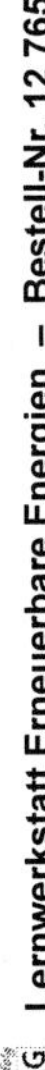

KOHL VERLAG

Kap. VIII – Bioenergie

2. Das Verfahren zur Gewinnung von Bioenergie (Blatt 2)

Aufgabe 2: *Lies die Informationen auf Blatt 1 und löse das Kreuzworträtsel. Die Buchstaben in den hervorgehobenen Feldern ergeben – richtig geordnet – das Lösungswort. (Ä=AE, Ö=OE, Ü=UE)*

1 Bioenergie ist eine aus (…) durch Konversion in elektrische Energie, Wärme oder Kraftstoff umgewandelte Energieform
2 Bioabfall aus tierischer Haltung
3 Abbauprozess von Bioabfall
4 Welche Mikroorganismen leisten hier die Arbeit?
5 Begriff für eine Vergärung ohne Sauerstoff
6 Name der Behälter für den Abbau des organischen Abfalls
7 Die bei der Gärung austretende Flüssigkeit heißt (…).
8 Das Primärprodukt bei der Vergärung in der Biogasanlage ist (…).
9 Das Biogas wird in einem (…) verbrannt, um Bewegungsenergie zu erzeugen.
10 In einem (…) wird die Bewegungsenergie des Motors in elektrische Energie umgewandelt.
11 Abkürzung für Blockheizkraftwerk
12 Biogasanlagen produzieren mit dem Gas auch (…).
13 In einem BHKW kann die bei der Stromerzeugung entstehende (…) zusätzlich genutzt werden.
14 Biogas wird alternativ zu Benzin und Diesel auch als (…) verwendet.
15 Biogasanlagen dienen auch der Entsorgung von biologischem (…).
16 Bei der „(…)-oder-Teller-Debatte" werden Vorteile aber auch Nachteile der Energieerzeugung in Biogasanlagen genannt.
17 Bezeichnung für flüssigen Abfall aus Tierhaltung
18 Die Gärreste der Biogasanlage werden als (…) in die Landwirtschaft zurückgeführt.
19 Bioenergie ist (…).
20 Wie heißt der primäre Energielieferant für Biogasanlagen?

Lösungswort:

3. Biokraftstoffe (Blatt 1)

Allgemein sind **Kraftstoffe** (auch **Treibstoffe**) Brennstoffe, deren chemische Energie durch Verbrennung in Verbrennungskraftmaschinen (Verbrennungsmotor, Gasturbine) und Raketentriebwerken in mechanische Energie umgewandelt wird.

Solche konventionellen Kraftstoffe fossilen Ursprungs sind unter anderem Kerosin, Petroleum, Benzin (Ottokraftstoff), Diesel, Erdgas. Diese Kraftstoffe weisen eine hohe Schadstoff- und Treibhausgasemission auf.

Aufgabe 1: *Welche Biokraftstoffe gibt es?*
Ergänze das Schema. Lies dazu auch die Informationen auf Blatt 2.

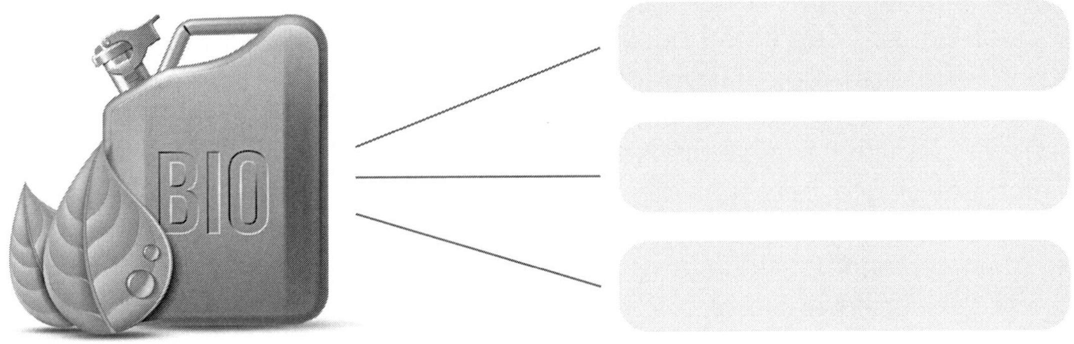

Aufgabe 2: *Was hat es mit dem Kraftstoff "Super E10" auf sich?*
Welche Bedeutung hat die Angabe „E10" an der Zapfsäule der Tankstelle im Vergleich zur Angabe "E5" an der Zapfsäule daneben?

____

____

____

____

E10

Aufgabe 3: *Welche Anteile von Biodiesel sind in Deutschland als Beimischung in normalem mineralischen Diesel als Kraftstoff für Fahrzeuge mit Dieselmotor unproblematisch und wie ist dieser Dieselkraftstoff an Tankstellen gekennzeichnet?*

____

____

____

____

KOHL VERLAG Lernwerkstatt Erneuerbare Energien – Bestell-Nr. 12 765

3. Biokraftstoffe (Blatt 2)

Biokraftstoffe

Biokraftstoffe wie Bioethanol oder Biodiesel leisten bereits seit vielen Jahren einen Beitrag zur Minderung der Treibhausgasemissionen des Verkehrssektors. Biokraftstoffe sind entweder flüssige (zum Beispiel Ethanol und Biodiesel) oder gasförmige (Biomethan) Kraftstoffe, die aus Biomasse hergestellt werden und für den Betrieb von Verbrennungsmotoren in Fahrzeugen bestimmt sind.

(aus: https://www.umweltbundesamt.de/themen/verkehr-laerm/kraftstoffe-antriebe##konventionellekraftstoffe)

Straßenverkehr – Ottokraftstoff

Ottokraftstoff wird unter dem Namen E5 oder E10 vermarktet und bezeichnet Benzin, das einen bestimmten Anteil an Ethanol enthalten darf. Während „E“ für Ethanol steht, gibt die Zahl „5“, beziehungsweise „10“ an, wieviel Prozent Ethanol das Benzin maximal enthalten kann. Bei dem im Benzin typischerweise enthaltenen Ethanol handelt es sich um biogen bereitgestelltes Ethanol – kurz Bioethanol, das hauptsächlich aus zucker- und stärkehaltigen Pflanzen wie Zuckerrohr, Zuckerrübe, Getreide und Mais gewonnen wird.

(aus: https://www.umweltbundesamt.de/themen/verkehr-laerm/kraftstoffe-antriebe##konventionellekraftstoffe)

Ethanol

Reines Ethanol ist eine chemische Verbindung und weist daher unabhängig von seiner Herstellung immer die gleichen physikochemischen Eigenschaften auf. Es gibt keinen chemischen Unterschied zwischen Ethanol aus fossilen Kohlenstoffverbindungen oder Bioethanol aus pflanzlicher Rohstoffquelle.

Straßenverkehr – Dieselkraftstoff

Dieselkraftstoff – auch vereinfacht Diesel genannt ... wird an Tankstellen unter dem Namen B7 geführt und bezeichnet Diesel aus Mineralöl mit einer Beimischung von maximal 7 % Biodiesel. In Deutschland wird Biodiesel vorwiegend aus Rapsöl hergestellt. Der Großteil des Biodiesels wird jedoch importiert und aus Abfall- und Reststoffen sowie aus Palmöl sowie Rapsöl hergestellt.

(aus: https://www.umweltbundesamt.de/themen/verkehr-laerm/kraftstoffe-antriebe##konventionellekraftstoffe)

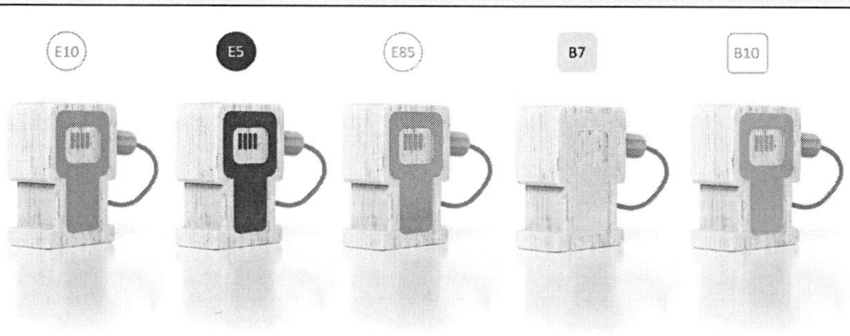

KOHL VERLAG Lernwerkstatt Erneuerbare Energien – Bestell-Nr. 12 765

4. Bioenergie – Für und Wider

Aus dem Umweltbundesamt

Die energetische Nutzung von Biomasse wird zunehmend kontrovers diskutiert. Denn Bioenergie hat teilweise zwar eine bessere Treibhausgasbilanz als fossile Energie. Jedoch kann der Anbau von Biomasse mit vielfältigen negativen Wirkungen auf Mensch und Umwelt verbunden sein.

(aus: https://www.umweltbundesamt.de/themen/klima-energie/erneuerbare-energien/bioenergie#bioenergie-ein-weites-und-komplexes-feld-)

Aufgabe 1: *Bringe deine Argumente in die kontroverse Diskussion ("Tank-oder-Teller-Debatte") zum Nutzen der Bioenergie einerseits und Beachtung ihrer Grenzen andererseits ein.*

Aufgabe 2: *Was muss bei einer nachhaltigen Nutzung des Rohstoffes Holz zur Gewinnung von Bioenergie beachtet werden?*

Kap. IX – Wärme aus dem Inneren der Erde – Ein Blick zur Geothermie

1. Was ist Geothermie?

Aus dem Umweltbundesamt

Geothermie - auch Erdwärme genannt - ist eine nach menschlichen Maßstäben unerschöpfliche Energiequelle. Wenn man von der Erdoberfläche in die Tiefe vordringt, findet man auf den ersten 100 m Tiefe eine nahezu konstante Temperatur von etwa 10 °C vor. Danach steigt die Temperatur mit jeden weiteren 100 m, je tiefer man kommt, im Mittel um 3 °C an. Dies nennt man Erdwärme (Geothermie) und man kann sie mit verschiedenen technischen Verfahren zur Energiegewinnung nutzen.

Hierfür gibt es drei verschiedene Verfahren:

- die oberflächennahe Geothermie (bis 400 m Tiefe),
- geothermische Systeme, die warmes, im Untergrund vorhandenes Wasser nutzen (bis ca. 4500 m Tiefe),
- Systeme, die Wärme aus dem tiefen Gestein für die Stromerzeugung nutzen (in Fachkreisen auch petrothermale Geothermie genannt), welche gegenwärtig bis 5000 m Tiefe vordringen ...

(aus: https://www.erneuerbare-energien.de/EE/Navigation/DE/Technologien/Geothermie/geothermie. html?view=renderPrint)

Strom- und Wärmeerzeugung aus Geothermie stellen gemeinsam mit anderen erneuerbaren Energien eine umwelt- und klimafreundliche Alternative zur fossilen Energie dar, die schon heute Treibhausgasemissionen vermeidet.

(aus: https://www.umweltbundesamt.de/themen/klima-energie/erneuerbare-energien/geothermie#tiefe-geothermie)

Aufgabe 1: *Berechne die Temperatur im Erdinneren in 400 m und in 4000 m Tiefe.*

____

____

____

Aufgabe 2: *Bei welchen natürlichen Phänomenen zeigt sich die im Erdinneren gespeicherte thermische Energie?*

____

____

____

Aufgabe 3: *Wie wurde die Erdwärme bereits in früheren Zeiten genutzt?*

____

____

Lernwerkstatt Erneuerbare Energien – Bestell-Nr. 12 765
KOHL VERLAG

2. Zur oberflächennahen Geothermie (Blatt 1)

Oberflächennahe Geothermie/Wärmepumpen

Aus dem Bundesministerium für Wirtschaft und Klimaschutz:
Erdwärme der oberflächennahen Geothermie (bis 400 m Tiefe) wird meistens mithilfe von Wärmepumpen genutzt. Diese Form der Geothermienutzung ist auch für Privatpersonen möglich. Mit einer Wärmepumpenanlage kann ein Gebäude mit Heizwärme, Kälte und Warmwasser versorgt werden.
(aus: https://www.erneuerbare-energien.de/EE/Navigation/DE/Technologien/Geothermie/geothermie.html)

Die Verfahren

Bei der oberflächennahen Geothermie wird die in Erdschichten von bis zu 400 m Tiefe vorhandene Wärme genutzt. Sie ist im Jahresmittel nahezu konstant, da sie nicht von äußeren Einflüssen verändert wird. Der Transport der Erdwärme aus der oberflächennahen Schicht erfolgt über Erdwärmesonden, Erdwärmekollektoren oder Wärmebrunnenanlagen. Die (relativ) niedrigen Temperaturen unmittelbar unter der Erde können mit Hilfe von Wärmepumpen genutzt werden.

Technische Komponenten zur Nutzung

Erdwärmesonden

werden in der Regel in Tiefen zwischen 10 und 100 m installiert. In Ausnahmefällen kommen auch tiefe Erdwärmesonden (TEWS) zum Einsatz, die bis zu einigen 1000 m tief liegen. Erdwärmesonden dienen der Wärmeübertragung.
Sie entziehen dem Erdreich Wärme (Heizen) oder geben Wärme an dieses ab (Kühlen). In Verbindung mit Wärmepumpen und angeschlossen an ein Heizsystem erhöhen sie die Temperatur der eingesammelten Wärme und transportieren diese zu Zwecken der Gebäudeheizung und Warmwasserbereitung.

Erdwärmekollektoren

funktionieren ähnlich wie Erdwärmesonden, allerdings bestehen sie aus horizontal im Erdreich installierten Kunststoffrohren. Sie dienen in erster Linie als primäre Energiequelle für Wärmepumpenheizungen.

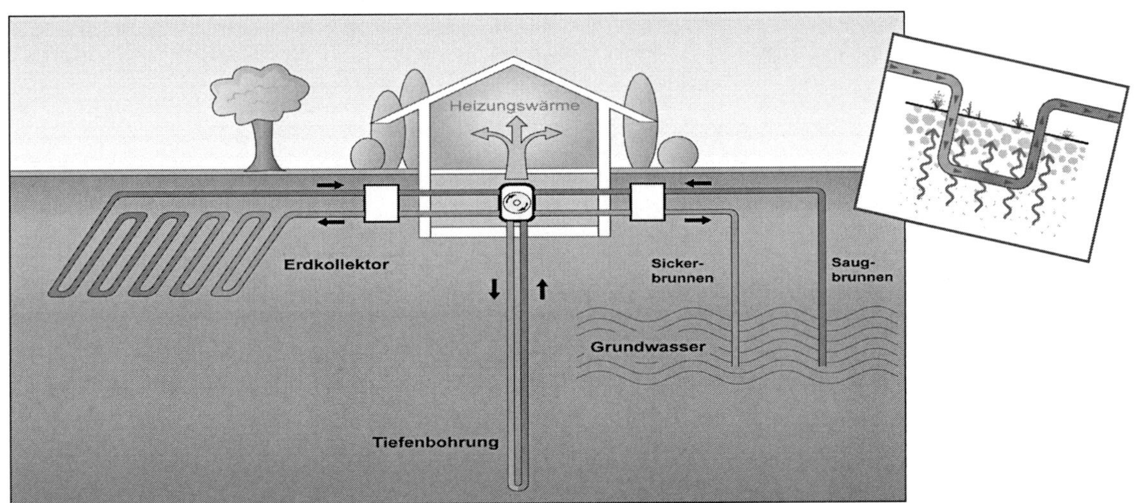

Lernwerkstatt Erneuerbare Energien – Bestell-Nr. 12 765
KOHL VERLAG

2. Zur oberflächennahen Geothermie (Blatt 2)

Wärmepumpen
kommen hier zum Einsatz, um die geringeren Temperaturen der oberflächennahen Geothermie anzuheben und den Wärmeträger somit für Anwendungen nutzbar zu machen. In Verbindung mit Wärmepumpen wird Erdwärme in der Regel zum Heizen und Kühlen von Gebäuden sowie zur Warmwasserbereitung eingesetzt. Erreichen die durch oberflächen-nahe Geothermie bedingten Wassertemperaturen nicht die erforderliche Höhe, wird die Temperatur des Wassers mittels Wärmepumpen angehoben.

Aufgabe 1: *Erläutere die Wirkungsweise einer Wärmepumpe in Verbindung mit geothermischer Wärmeversorgung eines Wohngebäudes.*

____

____

____

____

____

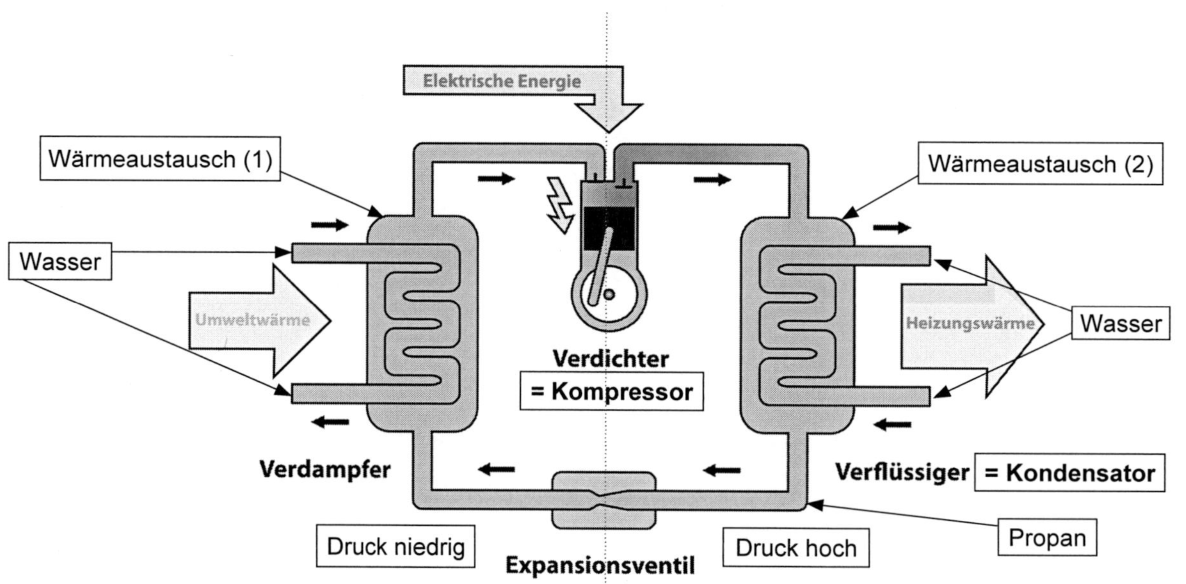

Aufgabe 2: *Kennst du Gebäude in deiner näheren Umgebung (private Wohnhäuser, Kultur-, Sport-, Schwimmhallen oder andere öffentliche Gebäude), die mit Erdwärme versorgt werden?*

____

____

Lernwerkstatt Erneuerbare Energien – Bestell-Nr. 12 765
KOHL VERLAG

3. Energie aus der Tiefe der Erde

Hydrothermale Geothermie

Ab einer Tiefe von 400 m spricht man von tiefer Geothermie. Tiefbohrungen ermöglichen die thermische Nutzung von heißem Grundwasser oder Dampf, weshalb man sie in dieser Form als hydrothermale Geothermie bezeichnet. In Tiefen von 800 bis 3500 m wird auf die Wärme unterirdischer Thermalgewässer mit Temperaturen zwischen 50 und 160 °C zurückgegriffen. Da das heiße Wasser unter hohem Druck steht, steigt es nach dem Anbohren der betreffenden Schicht bis in Höhen unweit der Erdoberfläche auf; durch Pumpen legt es in den Steigrohren die restliche Strecke bis zum Zielort für den Wärmeaustausch zurück.

Petrothermale Geothermie – Erdwärme aus heißem dichten Gestein (Hot-Dry-Rock)

Petrothermale Energiegewinnung wird vorrangig zur Stromerzeugung genutzt. Darunter versteht man die Nutzung der Wärme trockener heißer Gesteinsmassen – Hot-Dry-Rock – bis in 6000 m Tiefe, welche eine Temperatur von etwa 200 °C haben. Dazu werden künstliche Risse durch Bohrungen im Tiefengestein erzeugt, die als Wärmeaustauschräume dienen. Wenn aus dem Gestein mit den erforderlich hohen Temperaturen (insbesondere für die Stromerzeugung größer als 80 °C) kein Wasser gefördert werden kann, wird durch aufwendige tiefe Bohrungen zunächst unter hohem Druck kühles Wasser oder ein anderes Wärmeträgermedium in das Gestein eingebracht. Dieses zirkuliert und erhitzt sich dann in diesen tiefen Gesteinsmassen. Es wird an anderer Stelle als Heißwasser aus den künstlich herbeigeführten Rissen wieder zur Oberfläche befördert.

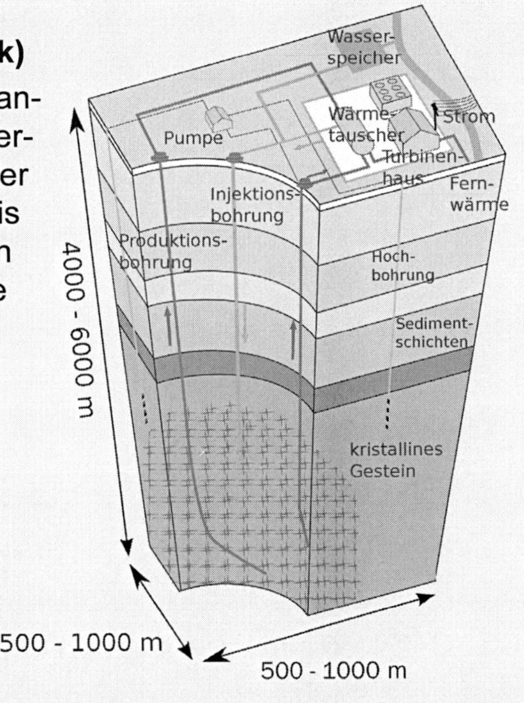

Aufgabe 1: *Erläutere Anlage und Funktion eines hydrothermalen Kraftwerkes, beachte die Abbildung rechts unten. Scheibe in dein Heft.*

Aufgabe 2: *Welchen Anforderungen müssen die in der petrothermalen Geothermie verwendeten Pumpensysteme gerecht werden? Schreibe in dein Heft.*

Aufgabe 3: *Welche Umwelteinflüsse und Risiken sind mit der petrothermalen Geothermie verbunden? Schreibe in dein Heft.*

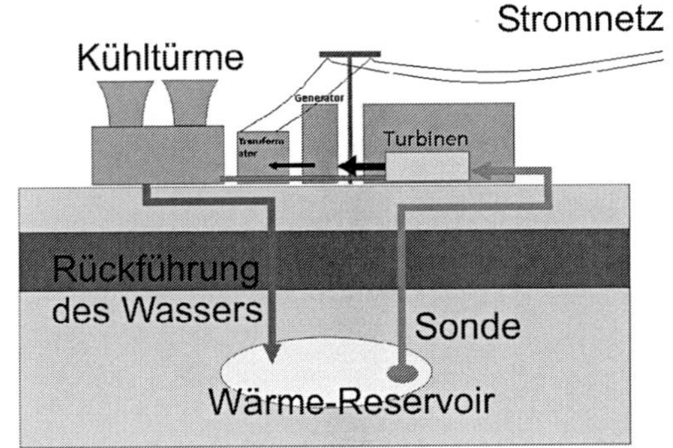

Lernwerkstatt Erneuerbare Energien – Bestell-Nr. 12 765

4. Kleiner Geothermie-Test

Aufgabe: *Kreuze die zutreffenden Antworten an.*
Es sind Mehrfachantworten möglich.

1. Welche Energieträger werden mittels Geothermie gewonnen?
   ☐ A Erdgas ☐ B Biogas ☐ C Wärme ☐ D Strom ☐ E Erdöl
2. Wo wurde erstmalig mit Erdwärme Strom erzeugt?
   ☐ A in Larderello in der Toskana ☐ B in Oberhaching in Bayern
   ☐ C in London, Holborn Viaduct
3. Oberflächennahe Geothermie findet folgende Verwendung:
   ☐ A zur Stromerzeugung
   ☐ B zur Bereitstellung von Raumwärme und warmem Wasser für Wohngebäude
   ☐ C zur Speisung von Fernwärmenetzen
4. An welchem Element der Wärmepumpe findet die Wärmeabgabe zur Gebäudeheizung und Warmwasserversorgung eines Gebäudes statt?
   ☐ A am Verdampfer
   ☐ B am Kompressor
   ☐ C am Kondensator
5. Welche Aussagen treffen für hydrothermale Geothermie zu?
   ☐ A … nutzt ausschließlich die Wärme des Grundwassers.
   ☐ B … ist in Tiefen zwischen 400 und 3500 m angesiedelt.
   ☐ C Die Wärme wird dem Untergrund als heißes Wasser oder Dampf entnommen.
   ☐ D Hydrothermale Energie wird ausschließlich zu Heizzwecken verwendet.
   ☐ E Hydrothermale Geothermie wird sowohl zur Heizung als auch zur Verstromung eingesetzt.
6. In welche Tiefen wagt sich die petrothermale Geothermie vor?
   ☐ A 400-2000 m ☐ B 2000-6000 m ☐ C 6000-10 000 m
7. In welchen der angegebenen Orte wird Energie aus Geothermie gewonnen?
   ☐ A Goldisthal/Thüringen ☐ B Landau/Rheinland-Pfalz
   ☐ C Pullach/Bayern ☐ D alpha ventus/Küste vor Niedersachsen
   ☐ E Laufenburg/Baden-Württemberg

KOHL VERLAG Lernwerkstatt Erneuerbare Energien – Bestell-Nr. 12 765

5. Geothermie konkret

Geothermie in Deutschland

Anzahl der Anlagen in Betrieb (Stand 2022): 42

- Heizwerke: 30
- Kraftwerke: 3
- Heizkraftwerke (Wärme + Strom): 9
- installierte Wärmeleistung: 349,71 MW
- installierte elektrische Leistung: 47 MW
- Durchschnittliche Teufe*: ca. 2500 m

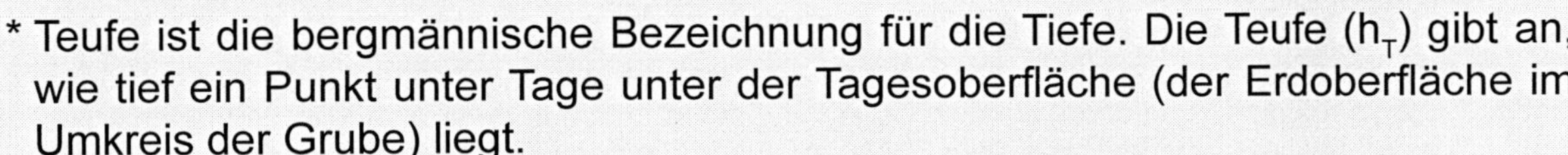

* Teufe ist die bergmännische Bezeichnung für die Tiefe. Die Teufe (h_T) gibt an, wie tief ein Punkt unter Tage unter der Tagesoberfläche (der Erdoberfläche im Umkreis der Grube) liegt.

(aus: https://www.geothermie.de/geothermie/geothermie-in-zahlen.html und https://de.wikipedia.org/wiki/Teufe)

Aufgabe: *Erstelle einen Steckbrief für die Energiegewinnung mittels Geothermie in Taufkirchen/Oberhaching (Bayern).*

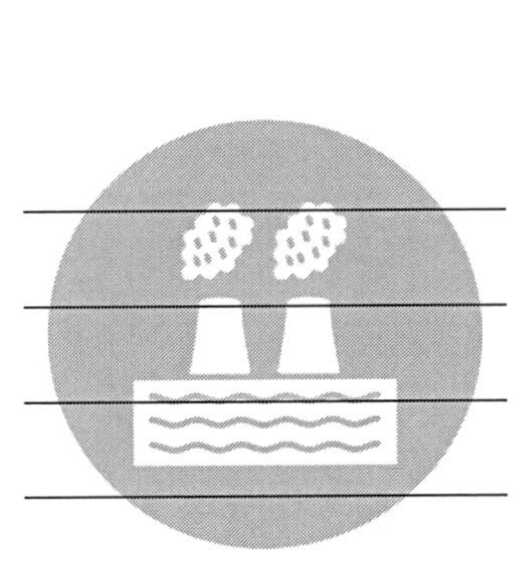

Geothermie in Taufkirchen/Oberhaching

KOHL VERLAG

Anteile der Energieträger an der Bruttostromversorgung Deutschlands 2011 und 2021

Energieträger	2011	2021
Braunkohle	24,5 %	18,5 %
Steinkohle	18,3 %	9,3 %
Kernenergie	17,6 %	11,8 %
Erdgas	14,0 %	15,2 %
Mineralölprodukte	1,2 %	0,8 %
Windenergie onshore	8,1 %	15,9 %
Windenergie offshore	0,1 %	4,2 %

Energieträger	2011	2021
Wasserkraft	2,9 %	3,3 %
Biomasse	5,2 %	7,7 %
Photovoltaik	3,2 %	8,4 %
Hausmüll (nur biogen)	0,8 %	1,0 %
übrige Energieträger	4,2 %	3,8 %
Summe	100 %	100 %
regenerativer Anteil	20,2 %	40,5 %

(Werte entnommen aus: https://de.wikipedia.org/wiki/Elektrische_Energieerzeugung#cite_note-strommix21-10)

Aufgabe 1: *Vergleiche die Anteile regenerativer Energien an der Bruttostromversorgung in Deutschland in den Jahren 2011 und 2021.*

Aufgabe 2: *Ergänze unten das Kreisdiagramm zur Veranschaulichung des regenerativen Anteils an der Bruttostromversorgung in Deutschland 2021. Berechne dazu den Zentriwinkel des Kreissektors, welcher dem regenerativen Anteil entspricht.*

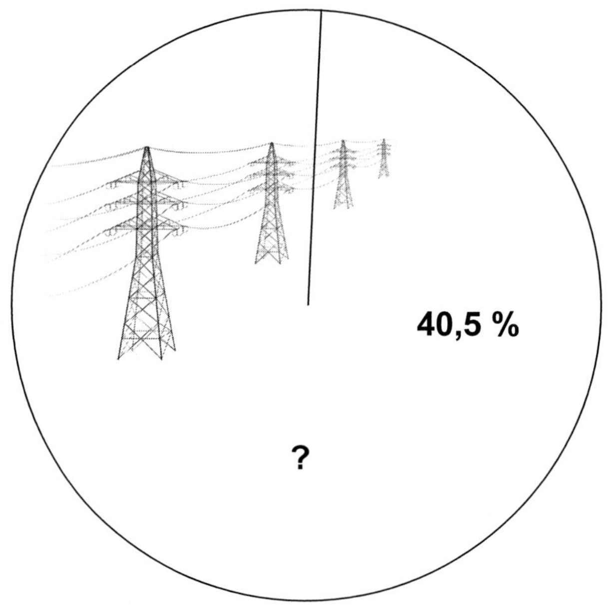

Aufgabe 3: *Beschreibe die Entwicklung der Anteile der Energieträger in Deutschland seit dem Jahr 2011 bis zum Jahr 2021 in Worten.*

Aufgabe 4: *Welche Bedeutung hat der „Schwarze Peter" Kohle als Energieträger in Krisenzeiten? Gib ein aktuelles Beispiel an.*

Bruttostromerzeugung aus erneuerbaren Energien im Jahr 2021

Bruttostromerzeugung [TWh] und Anteil in Prozent [%][1]

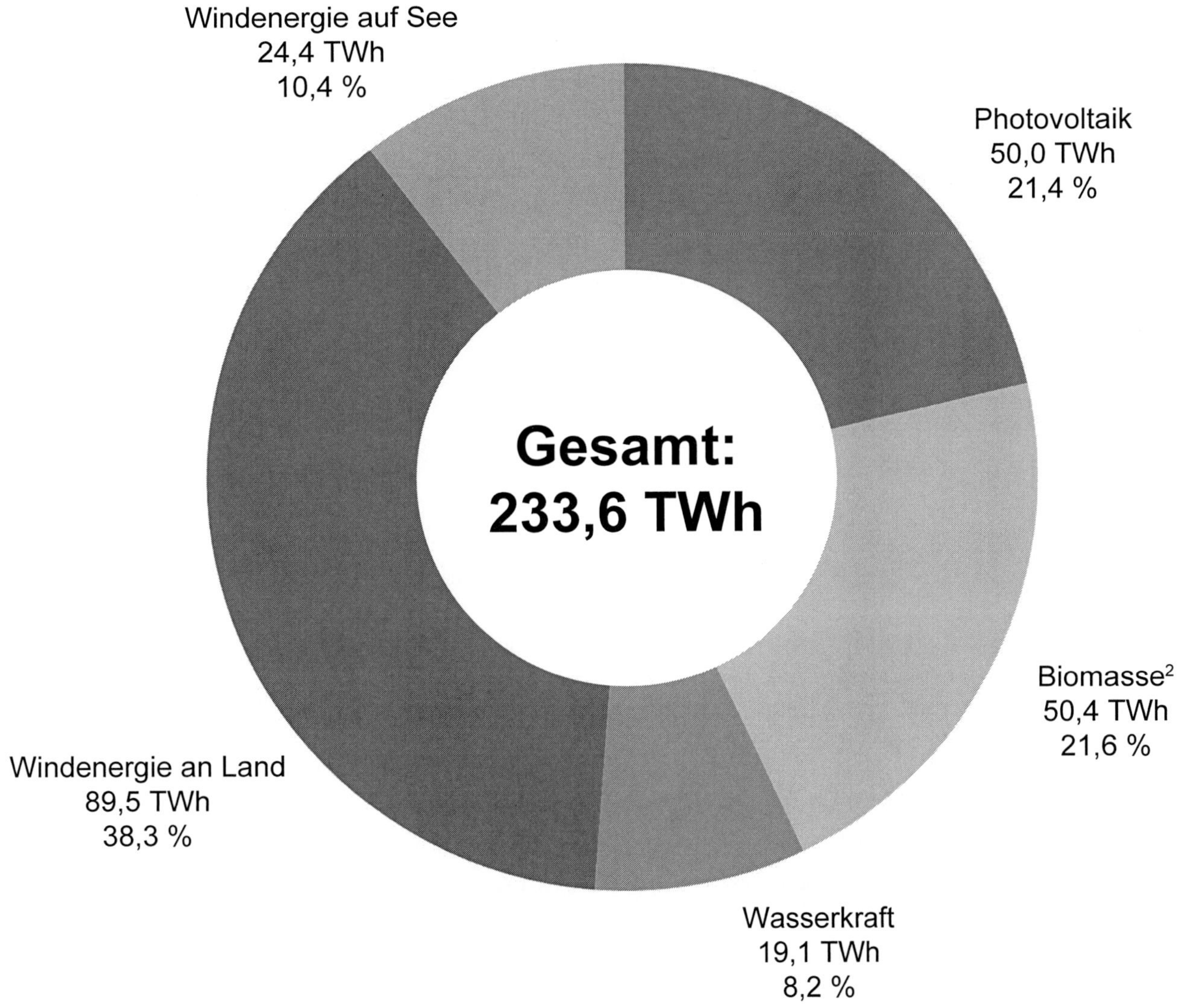

Windenergie auf See
24,4 TWh
10,4 %

Photovoltaik
50,0 TWh
21,4 %

Gesamt:
233,6 TWh

Biomasse[2]
50,4 TWh
21,6 %

Windenergie an Land
89,5 TWh
38,3 %

Wasserkraft
19,1 TWh
8,2 %

[1] Stromerzeugung aus Geothermie aufgrund geringer Mengen nicht dargestellt (0,2 TWh)
[2] gasförmige, flüssige und feste Biomasse inkl. biogenem Abfall

(Werte entnommen aus: https://www.umweltbundesamt.de/themen/klima-energie/erneuerbare-energien/erneuerbare-energien-in-zahlen?sprungmarke=strom#strom

KOHL VERLAG

Kap. XI – Die Brennstoffzelle

1. Utopisches und Historisches (Blatt 1)

"Das Wasser ist die Kohle der Zukunft" – Jules Vernes Utopie

Auszug aus dem 1875 von Jules Verne veröffentlichen Buch "Die geheimnisvolle Insel":

… Während des Monats Juli machte sich die Kälte recht empfindlich fühlbar, doch brauchte man ja weder Holz noch Kohlen zu schonen. Im großen Saale hatte Cyrus Smith auch einen zweiten Ofen aufgestellt, denn in diesem Raume pflegte man die langen Abende zu verbringen. Unter Geplauder bei der Arbeit und Lectüre, wenn die Hände ruhten, verfloß die Zeit nutzbringend für Jedermann.

Den Colonisten gewährte es eine wahrhafte Freude, wenn sie in dem durch Kerzen wohlerleuchteten und mittels Kohle angenehm durchwärmten Saale, nach einer stärkenden Mahlzeit, den duftenden Hollunderkaffee in der Tasse, aus den Pfeifen wohlriechende Wölkchen blasend, den Sturm draußen toben hörten! Sie hätten sich vollkommen wohl befunden, wenn es jemals bei Dem der Fall sein könnte, der fern von Seinesgleichen und ohne jede Verbindung mit der anderen Welt ist! Immer wieder sprachen die Ansiedler von ihrer Heimat, von den Freunden, die sie verlassen, von der Macht und Größe der amerikanischen Republik, deren Einfluß immer im Zunehmen sein mußte, und Cyrus Smith, der sich vielfach mit den Angelegenheiten der Union beschäftigt hatte, gewährte durch seine Berichte, Bemerkungen und Prophezeiungen seinen Zuhörern die anregendste Unterhaltung.

Eines Tages fühlte sich Gedeon Spilett dadurch zu den Worten veranlaßt: »Doch sagen Sie mir, lieber Cyrus, läuft diese ganze industrielle und commerzielle Bewegung, deren zunehmendes Wachsthum Sie für gesichert halten, nicht früher oder später Gefahr, vollständig aufgehalten zu werden?

– Aufgehalten? Und wodurch?
– Durch den Mangel an Kohle, welche man mit Recht das köstlichste Mineral nennen könnte.
– O gewiß, das köstlichste, antwortete der Ingenieur, auch scheint es die Natur durch Erschaffung des Diamantes, der ja nur aus krystallisirter Kohle besteht, noch besonders haben bestätigen zu wollen.
– Sie wollen damit doch nicht sagen, Herr Cyrus, meldete sich Pencroff, daß man unter den Dampfkesseln an Stelle der Steinkohle einst Diamanten verbrennen werde?
– Nein, mein Freund, erwiderte Cyrus Smith.
– Doch bleib' ich bei meiner Ansicht, fuhr Gedeon Spilett fort. Sie widersprechen gewiß nicht, daß die Kohle eines Tages aufgezehrt sein wird?
– Heutzutage sind die Vorräthe noch sehr beträchtlich, und 100 000 Arbeiter, die jährlich hundert Millionen metrische Centner davon ausbringen, vermögen sie noch nicht zu erschöpfen!

1. Utopisches und Historisches (Blatt 2)

– Bei dem wachsenden Steinkohlenverbrauche, antwortete Gedeon Spilett, ist aber leicht vorauszusehen, daß diese 100 000 Arbeiter sowohl, als die jetzige Ausbeute sich bald verdoppeln werden.

– Ohne Zweifel; sollten indeß die Steinkohlenlager Europas, welche übrigens durch vervollkommnete Maschinen auch noch in größerer Tiefe auszunutzen sind, zu Ende gehen, so liefern die von Amerika und Australien noch lange Zeit den Bedarf der Industrie.

– Wie lange etwa? fragte der Reporter.

– Mindestens zweihundertfünfzig bis dreihundert Jahre.

– Das ist zwar für uns beruhigend, meinte Pencroff, aber nicht gerade für unsere späteren Nachkommen.

– Bis dahin findet sich ein Ersatz, sagte Harbert.

– Das muß man hoffen, fiel Gedeon Spilett ein, denn ohne Kohlen gäbe es keine Maschinen mehr, ohne solche keine Eisenbahnen; keine Dampfschiffe, keine Werkstätten, überhaupt nichts mehr, was der moderne Culturfortschritt verlangt.

– Doch was könnte man wohl finden? fragte Pencroff, haben Sie darüber eine Ansicht, Herr Cyrus?

– Eine oberflächliche, ja, mein Freund.

– Nun, was wird an Stelle der Kohle zum Brennen dienen?

– Das Wasser, antwortete Cyrus Smith.

– Das Wasser! rief Pencroff erstaunt; das Wasser, um Dampfschiffe und Locomotiven zu treiben, Wasser, um damit Wasser zu erhitzen?

– Ja wohl, doch das in seine Elementarbestandtheile zerlegte Wasser, belehrte ihn Cyrus Smith, zerlegt durch Elektricität, die bis dahin zur mächtigen und leicht verwendbaren Kraft erwachsen sein wird, denn alle großen Erfindungen scheinen in Folge eines unerklärlichen Gesetzes sich zur selbigen Zeit zu ergänzen. Ich bin davon überzeugt, meine Freunde, daß das Wasser dereinst als Brennstoff Verwendung findet, daß Wasserstoff und Sauerstoff, die Bestandtheile desselben, zur unerschöpflichen und bezüglich ihrer Intensität ganz ungeahnten Quelle der Wärme und des Lichtes werden. Der Tag wird nicht ausbleiben, wo die Kohlenkammern der Steamer und die Tender der Locomotiven statt der Kohle diese beiden Gase vielleicht in comprimirtem Zustande mitführen werden, welche unter den Kesseln eine enorme Heizkraft entwickeln. Keine Furcht also! So lange diese Erde bewohnt ist, wird sie den Bewohnern das Nöthige liefern, und nie wird es ihnen an Licht und Wärme fehlen, so wenig wie an den Erzeugnissen des Pflanzen-, Stein- und Thierreiches. Ich glaube also, daß man, wenn unsere jetzigen Kohlenschächte einmal erschöpft sein werden, mit Wasser heizen wird. Das Wasser ist die Kohle der Zukunft.

(aus: http://www.zeno.org/Literatur/M/Verne,+Jules/Romane/Die+geheimni%C3%9Fvolle+Insel/2.+Theil/11.+Capitel)

Aufgabe 1: *Worin bestand die Vision von Vernes Romanfigur Cyrus Smith zur Gewinnung von „Brennstoff“ im Sinne von Energie?*

____

____

____

Lernwerkstatt Erneuerbare Energien – Bestell-Nr. 12 765

1. Utopisches und Historisches (Blatt 3)

Zur Geschichte der Erfindung der Brennstoffzelle

Nachdem Alessandro Volta im Jahr 1800 die nach ihm benannte Volta'sche Säule – eine Kombination von galvanischen Elementen (siehe auch Seite 72) – an der Royal Society in London der Öffentlichkeit vorstellte, begann das allgemeine Interesse an der weiteren Erforschung und technischen Umsetzung dieser galvanischen Stromquelle, was zur Entwicklung der ersten Brennstoffzelle führte.

Die Erfindung der Brennstoffzelle geht auf den deutsch-schweizerischen Physiker und Chemiker Christian Friedrich Schönbein zurück, der 1838 zwei Platindrähte in verdünnter Schwefelsäure jeweils getrennt mit Wasserstoff und Sauerstoff umspülte und als Folge eine elektrische Spannung zwischen den Drähten feststellte.

Im Jahr 1839 konnte der britische Jurist und Physikochemiker Robert Grove das von Schönbein entdeckte Phänomen als Umkehrung der Elektrolyse erklären und baute zur praktischen Umsetzung die erste „Gasbatterie", die aus der Kombination von mehreren solchen Zellen bestand.

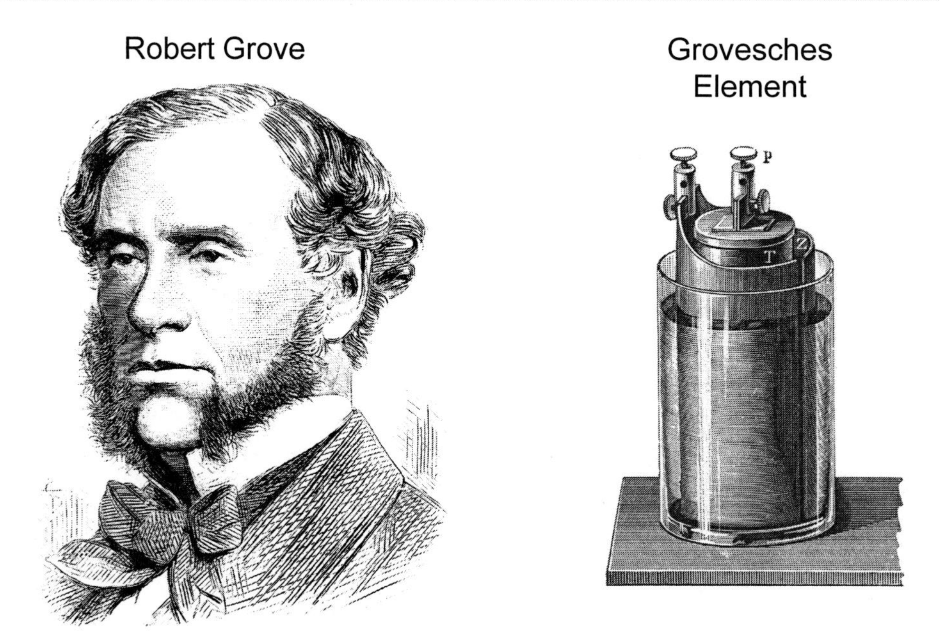
Robert Grove

Grovesches Element

Die Euphorie über diese Erfindung war groß, hatte man doch eine Vorrichtung zur Umwandlung chemischer Energie in Elektrizität entdeckt.

1875 schrieb Jules Verne in seinem Roman „Die geheimnisvolle Insel":

„Das Wasser ist die Kohle der Zukunft. Die Energie von morgen ist Wasser, das durch elektrischen Strom zerlegt worden ist. Die so zerlegten Elemente des Wassers, Wasserstoff und Sauerstoff, werden auf unabsehbare Zeit hinaus die Energieversorgung der Erde sichern."

(Zitat entnommen aus: https://de.wikipedia.org/wiki/Brennstoffzelle)

Obwohl in den folgenden Jahren vereinzelt weitere Experimente zur Verbesserung der galvanischen Gasbatterie durchgeführt wurden, gab es keine Erfolge bei der technischen Umsetzung zur Erzeugung elektrischen Stromes, da durch die Erfindung der Dynamomaschine (heute elektrischer Generator genannt) – unter anderem 1867 durch Werner von Siemens – die weitere Entwicklung der Brennstoffzelle uninteressant wurde.

KOHL VERLAG Lernwerkstatt Erneuerbare Energien – Bestell-Nr. 12 765

Kap. XI – Die Brennstoffzelle

1. Utopisches und Historisches (Blatt 4)

Zur Geschichte der Erfindung der Brennstoffzelle

Erst ab 1950 wurde die Weiterentwicklung der Brennstoffzelle wieder vorangetrieben. Brennstoffzellen wurden in U-Booten und in der Raumfahrt eingesetzt, da sowohl beim Militär als besonders auch in der Raumfahrt leistungsfähige, mobile Energiequellen benötigt wurden und in diesen Bereichen die sehr hohen Kosten für die Herstellung keine Rolle spielten.

Heute werden Brennstoffzellen unter anderem zur Hausenergieversorgung (Licht und Wärme), als Notstromaggregate unter anderem in Krankenhäusern, zum Betrieb netzferner Geräte, für den emissionsfreien Betrieb von Gabelstaplern und Hubfahrzeugen in Hallen sowie für die Stromversorgung an Bord von Schiffen und Raumstationen eingesetzt. Der Einsatz von Brennstoffzellen bei Fahrzeugen wird weiterhin getestet und entwickelt.

Aufgabe 2: *Beschreibe den grundlegenden Aufbau der **Voltaschen Säule** (siehe Abbildung).*

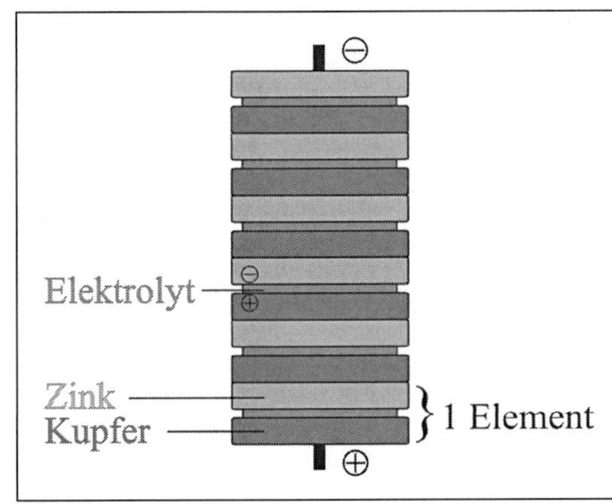

____

____

____

____

Aufgabe 3: *Mit welchen Stoffen umspülte Schönbein 1838 die Elektroden seiner ersten Brennstoffzelle?*

____

____

Aufgabe 4: *Welche Erfindung machte der weiteren Entwicklung der Brennstoffzelle im 19. Jahrhundert Konkurrenz?*

____

____

Aufgabe 5: *Gib ein bekanntes Unternehmen in Deutschland an, welches stationäre und mobile Brennstoffzellen herstellt.*

____

____

2. Physikalische und chemische Grundlagen (Blatt 1)

Aufgabe 1: *Erarbeite ein Lexikon der Begriffe.*

Begriff	Bedeutung/Erklärung
Anionen	
Anode	
Elektrode	
Elektrolyse	

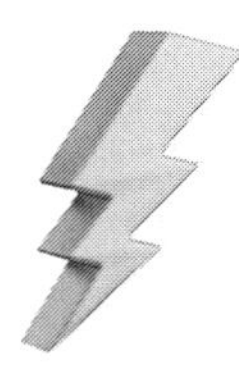

2. Physikalische und chemische Grundlagen (Blatt 2)

Aufgabe 1: *Erarbeite ein Lexikon der Begriffe.*

Begriff	Bedeutung/Erklärung
Elektrolyt	
Galva-nisches Element und Daniell-Element	
Ion	
Kationen	
Kathode	

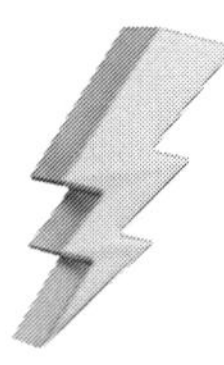

2. Physikalische und chemische Grundlagen (Blatt 3)

Aufgabe 1: *Erarbeite ein Lexikon der Begriffe.*

Begriff	Bedeutung/Erklärung
Oxidation	
Reduktion	
Redox-potential	
Redox-reaktion	
Spannungs-reihe	

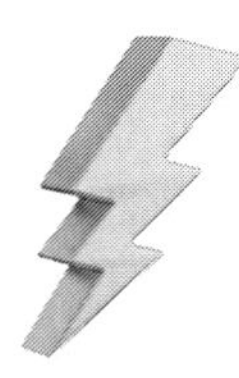

2. Physikalische und chemische Grundlagen (Blatt 4)

Aufgabe 2: *Beschreibe die elektrochemischen Vorgänge beim Daniell-Element zur Umwandlung chemischer Energie in elektrische Energie.*

a) *Welche chemischen Reaktionen laufen beim Daniell-Element jeweils an der Zinkelektrode und an der Kupferelektrode ab? (siehe Schema auf Blatt 5).*

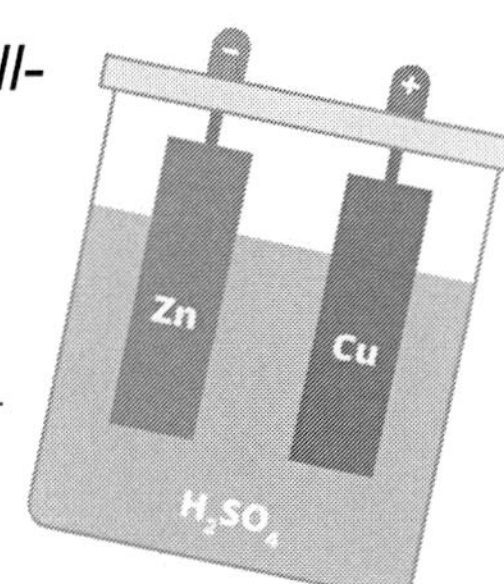

____

____

____

____

b) *Begründe, dass an der Zinkelektrode (Anode) ein Elektronenüberschuss im Vergleich zur Kupferelektrode (Kathode) entsteht, was zu einer elektrischen Spannung zwischen Anode und Kathode führt.*

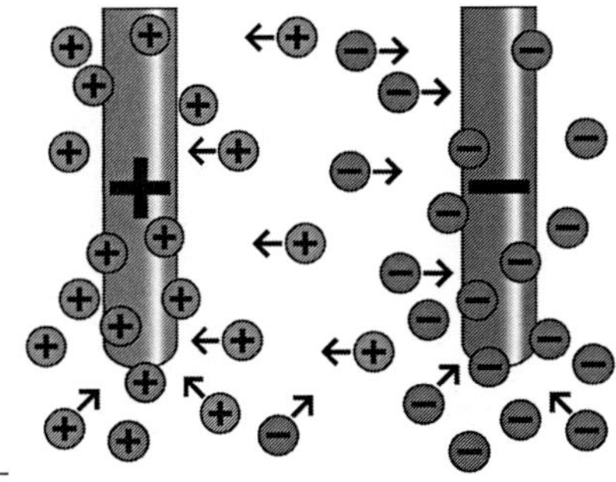

____

____

____

____

c) *Wodurch wird der elektrische Stromkreis geschlossen?*

____

____

____

____

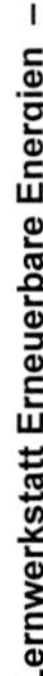

2. Physikalische und chemische Grundlagen (Blatt 5)

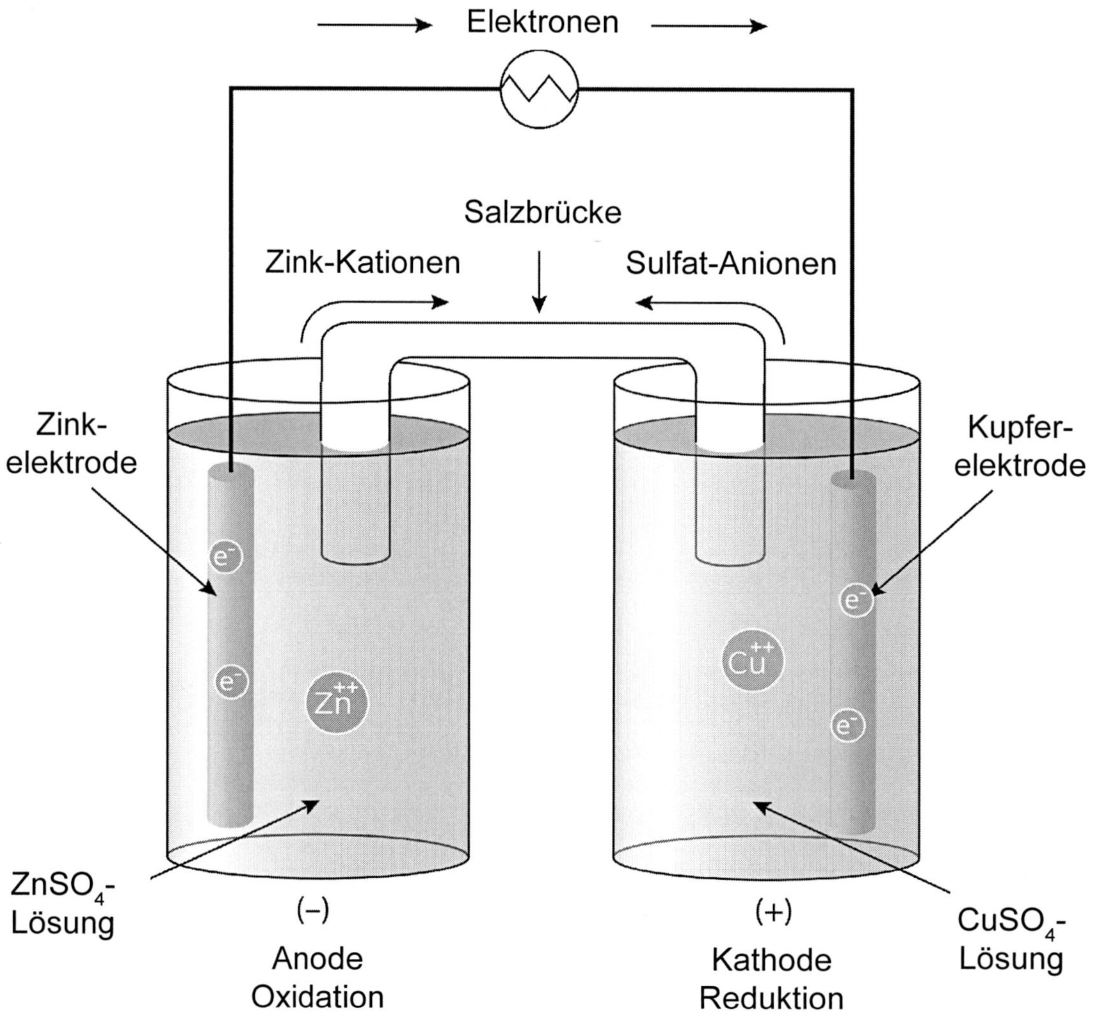

Elektronen

Salzbrücke

Zink-Kationen

Sulfat-Anionen

Zink-
elektrode

Kupfer-
elektrode

e^-

Zn^{++}

Cu^{++}

$ZnSO_4$-
Lösung

(–)
Anode
Oxidation

(+)
Kathode
Reduktion

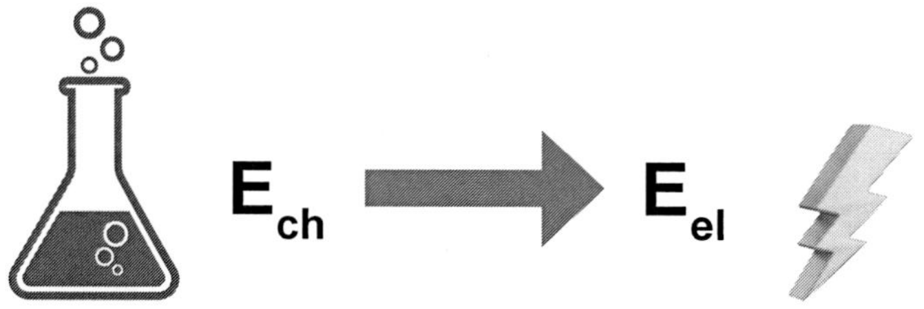

$CuSO_4$-
Lösung

E_{ch} → E_{el}

Aufgabe 3: *Mache in Stichpunkten Notizen zur Geschichte der Erfindung der Galvanischen Zelle (auch Galvanisches Element) und des Daniell-Elements.*

____

____

____

____

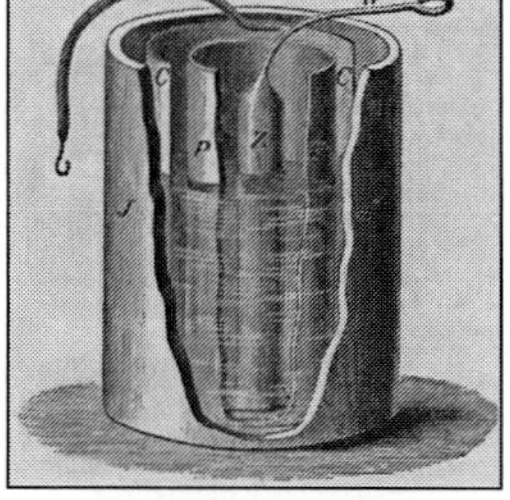

Historisches Daniell-Element

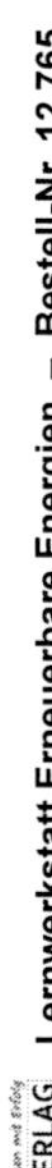

3. Aufbau und Funktion einer Wasserstoff-Brennstoffzelle (Blatt 1)

Bedeutung und Wirkungsweise von Brennstoffzellen

Allgemein sind Brennstoffzellen Energiewandler. Dabei wird die Reaktionsenergie (chemische Energie) eines Brennstoffes mit einem Oxidationsmittel im Gegensatz zu Dampf- oder Gasturbinen direkt in elektrische Energie, nebst einem geringeren Teil Wärmeenergie (kalte Verbrennung) umgewandelt. Während eine Batterie nur eine begrenzte Menge an elektrischer Energie liefern kann, ist die Abgabe von elektrischer Energie bei der Brennstoffzelle unbegrenzt, da kontinuierlich Brennstoff zur Umwandlung in elektrische Energie zugeführt wird. Als Brennstoffe werden Wasserstoff, Methanol, Butan oder Erdgas genutzt.

Wasserstoff-Brennstoffzelle

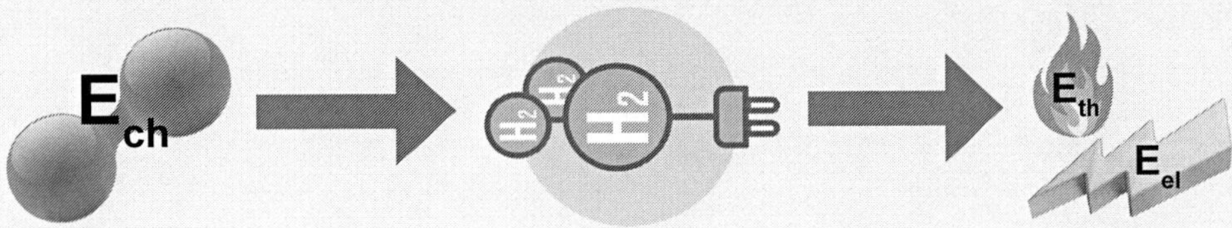

Die Brennstoffzelle findet als mobiles *Kraftwerk* vielfältigen Einsatz, besonders dann, wenn eine netzunabhängige Stromversorgung erforderlich ist oder zum Antrieb von Fahrzeugen.

Allerdings sind bei größerem Energieverbrauch bzw. zur Bewältigung größerer Fahrstrecken von brennstoffzellenbetriebenen Fahrzeugen Speicher für den Brennstoff bzw. das Vorhandensein spezieller Tankstellen erforderlich.

Aufbau:

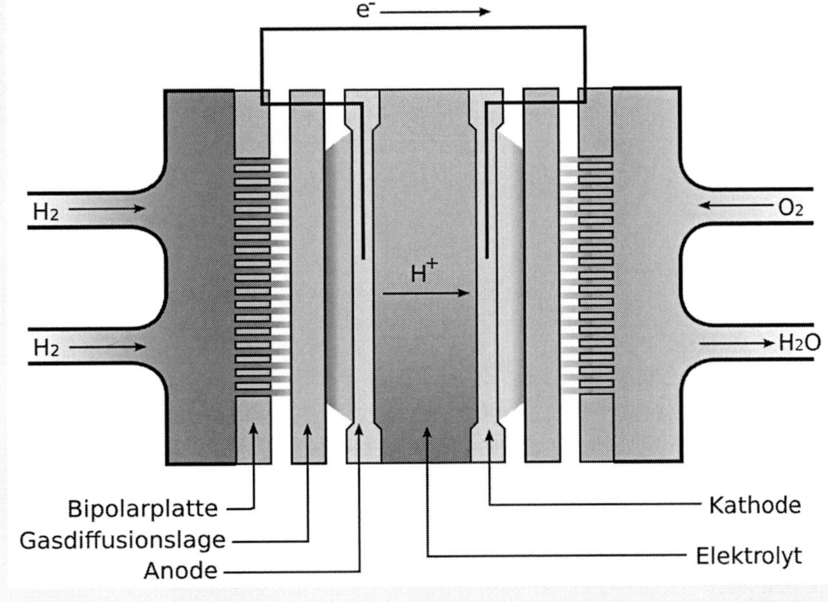

Aufgabe: *Wie heißt das "Emissionsprodukt" bei einer Wasserstoffbrennstoffzelle?*

___

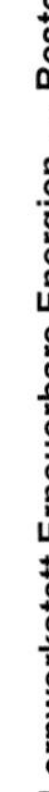

3. Aufbau und Funktion einer Wasserstoff-Brennstoffzelle (Blatt 2)

Chemische Reaktionen

Der Aufbau einer Brennstoffzelle ist vergleichbar mit dem **Aufbau einer Batterie**. Beide bestehen aus zwei Elektroden: einer Anode und einer Kathode. Ein Elektrolyt trennt die Elektroden voneinander und ist zuständig für den Ionen-Transport zwischen Anode und Kathode. Bei der PEMFC-Brennstoffzelle besteht der Elektrolyt aus einer dünnen, festen Kunststoffmembran. PEMFC steht für „Proton Exchange Membrane Fuel Cell", auf Deutsch: Polymerelektrolyt-Brennstoffzelle.

In der Brennstoffzelle reagiert Wasserstoff zusammen mit Sauerstoff aus der Luft.

Dabei entstehen Wasser, Strom und Wärme. Diese elektrochemische Reaktion wird auch als *„kalte Verbrennung"* bezeichnet.

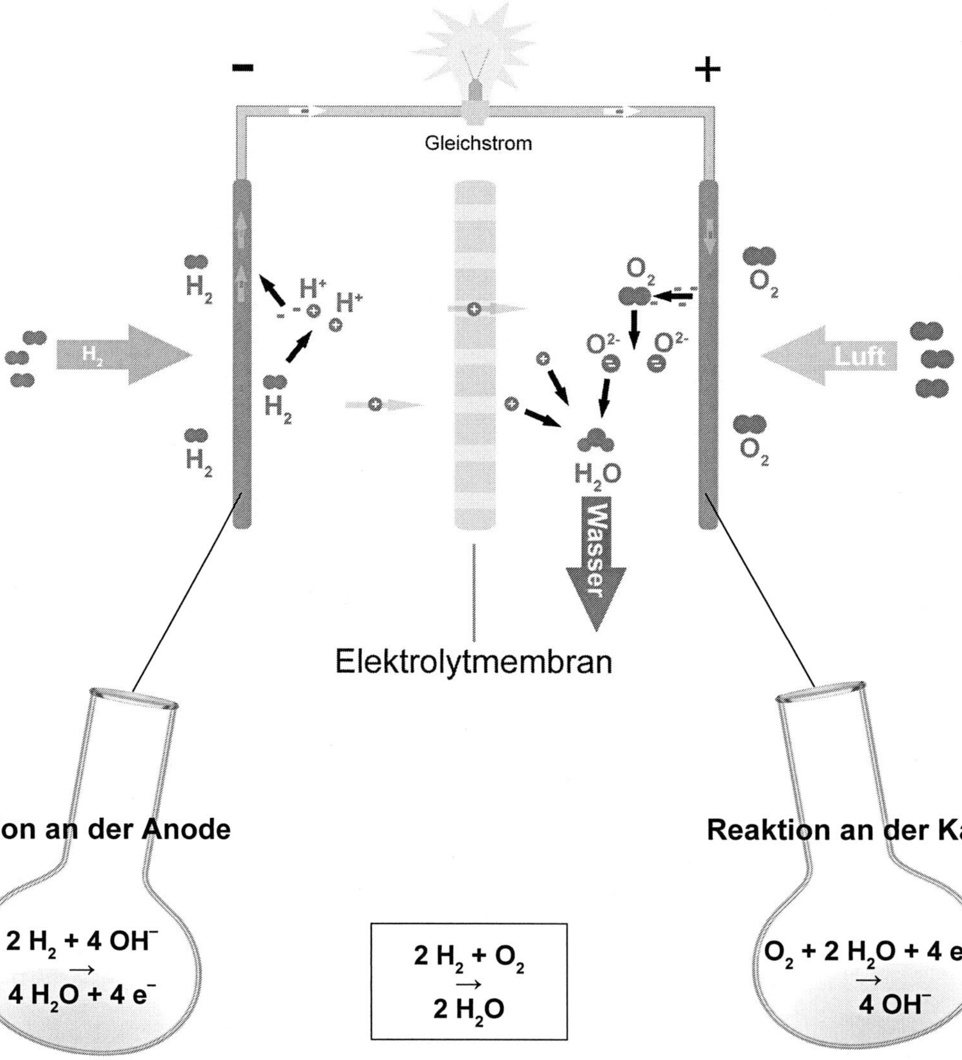

- +
Gleichstrom
H_2 H^+ H^+ H_2 H_2 H_2
O_2 O_2 O^{2-} O^{2-} H_2O O_2
Luft
Wasser
Elektrolytmembran

Reaktion an der Anode

$$2\,H_2 + 4\,OH^- \rightarrow 4\,H_2O + 4\,e^-$$

Oxidation/Elektronenabgabe

$$2\,H_2 + O_2 \rightarrow 2\,H_2O$$

Gesamtreaktion/ Redoxreaktion

Reaktion an der Kathode

$$O_2 + 2\,H_2O + 4\,e^- \rightarrow 4\,OH^-$$

Reduktion/Elektronenaufnahme

Lernwerkstatt Erneuerbare Energien – Bestell-Nr. 12 765
KOHL VERLAG

4. Der Wirkungsgrad von Brennstoffzellen

Aufgabe 1: *Vergleiche den Wirkungsgrad eines Kohlekraftwerkes mit dem Wirkungsgrad einer Brennstoffzelle ohne Beachtung der Produktion von Wasserstoff. Betrachte dazu die entsprechenden Energieumwandlungen. Ergänze in den Graphiken jeweils die Energieformen.*

Wärmekraftwerk

Verbrennung **Dampfturbine** **Generator**

Brennstoffzeile

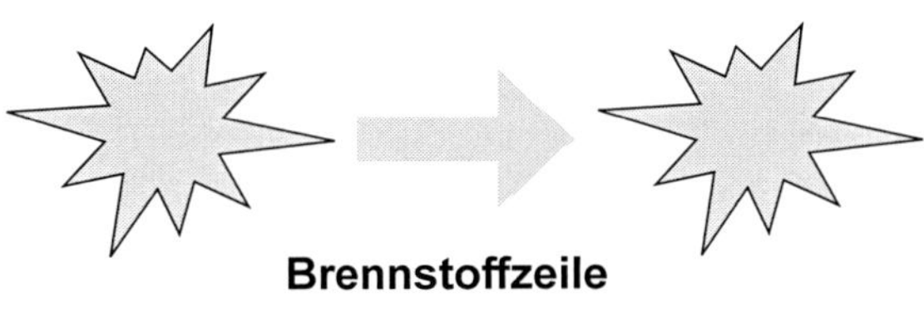

Aufgabe 2: *Die Produktion von Wasserstoff außerhalb der Brennstoffzelle benötigt ebenfalls Energie, was den Gesamtwirkungsgrad der komplexen Energieumwandlung mittels Brennstoffzellen erniedrigt.*

Welche Schlussfolgerung ergibt sich aus dieser Problematik für die zur Produktion von Wasserstoff bereitzustellenden Energiequellen?

____

____

____

____

KOHL VERLAG Lernwerkstatt Erneuerbare Energien – Bestell-Nr. 12 765

5. Die Zukunft von Wasserstoff und erneuerbaren Energien

Die Bundesregierung zur nationalen Wasserstoffstrategie

Deutschland will weg von fossilen Energieträgern, hin zu erneuerbaren Energien und mehr Energieeffizienz. Als besonders vielfältig einsetzbarer Energieträger soll Wasserstoff dabei eine Schlüsselrolle einnehmen, auch bei der Erreichung der nationalen, europäischen und internationalen Energie- und Klimaziele. Denn klimafreundlich hergestellt kann grüner Wasserstoff helfen, CO_2-Emissionen vor allem dort deutlich zu verringern, wo Energieeffizienz und die direkte Nutzung von Strom aus erneuerbaren Energien nicht ausreichen – etwa in der Industrie und in bestimmten Teilen des Verkehrssektors. Mit dem Aufbau der Innovations- und Technologiezentren Wasserstoff werden der Aufbau einer eigenen Brennstoffzellenproduktion und Zukunftsperspektiven für die deutsche Fahrzeugindustrie unterstützt. Zugleich sind Wasserstofftechnologien eine wichtige Chance für die deutsche Exportwirtschaft.

(aus: https://www.bmwi-energiewende.de/EWD/Redaktion/Newsletter/2021/10/Meldung/topthema.html)

Grüner Wasserstoff wird durch den ausschließlichen Einsatz erneuerbarer Energien hergestellt. Wird grüner Wasserstoff über Elektrolyse von Wasser hergestellt, kommt für die Elektrolyse ausschließlich Strom aus erneuerbaren Energien zum Einsatz. Unabhängig von der gewählten Elektrolysetechnologie erfolgt die Produktion von Wasserstoff CO_2-frei, da der eingesetzte Strom zu 100 % aus erneuerbaren Quellen stammt.

(aus: https://www.bmuv.de/faqs/wasserstoff-und-klimaschutz)

Das Bundesministerium zum Brennstoffzelleneinsatz bei Fahrzeugen

Erste Elektromotoren mit Brennstoffzellen, die Wasserstoff als Antriebsenergie nutzen, kommen heute bereits in verschiedenen Bereichen zur Anwendung. Zu nennen sind insb. Binnenschifffahrt, Schienenverkehr, Busse, Lkw und auch Pkw (derzeit knapp 850 zugelassene Pkw). Einige Wasserstofftankstellen nutzen zudem Wasserstoff aus dezentralen Elektrolyseuren, also Anlagen die mithilfe von Strom Wasser in Sauerstoff und Wasserstoff zersetzen. Ein Konsortium großer und mittelständischer Unternehmen hat sich zum Beispiel zum Bau und Betrieb von rund 400 Wasserstofftankstellen bis 2023 in Deutschland verpflichtet (rund 100 bereits im Betrieb).

aus: https://www.bmuv.de/faq/wo-wird-wasserstoff-in-deutschland-bereits-eingesetzt)

Aufgabe 1: *Was versteht man unter grünem Wasserstoff? Schreibe in dein Heft.*

Aufgabe 2: *Mit Brennstoffzellen betriebene Fahrzeuge müssen mit Wasserstoff betankt werden. Gibt es in Deutschland bereits Wasserstofftankstellen?*

Aufgabe 3: *Stelle auf einem Extrablatt eine Übersicht über Vor- und Nachteile des Einsatzes von Brennstoffzellen zusammen.*

Lernwerkstatt Erneuerbare Energien – Bestell-Nr. 12 765

Kap. XII – Multiple-Choice-Energie-Test

(Blatt 1)

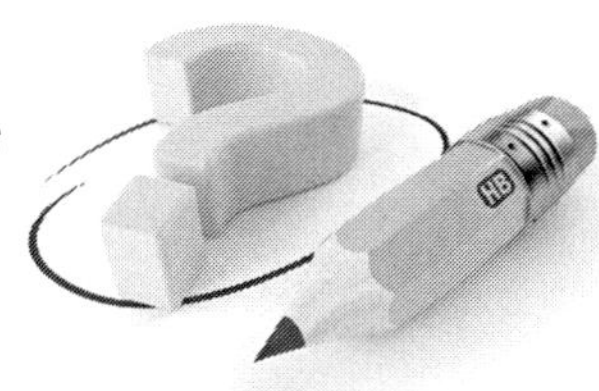

Aufgabe: *Teste dein Wissen über erneuerbare Energien. Kreuze zutreffende Antworten an. Beachte, dass mitunter Mehrfachantworten möglich sind.*

1. Was ist Energie? Welche Aussagen treffen zu?

- ☐ A Energie ist identisch mit Kraft.
- ☐ B Die Einheit der Energie ist Watt.
- ☐ C Maschinen mit einem Wirkungsgrad von 100 % können Energie erzeugen.
- ☐ D Energie ist die Fähigkeit eines Körpers (Systems), Arbeit zu verrichten, Wärme oder Strahlung abzugeben.
- ☐ E Energie kann weder erzeugt werden noch verlorengehen, sondern nur von einer Form in eine andere Energieform umgewandelt werden.

2. Einheiten der Energie sind

- ☐ A Watt, Wattsekunden, Kilowattstunden, Joule
- ☐ B Newton, Grad Celsius, Kilowattstunden
- ☐ C Wattsekunden, Kilowattstunden, Newtonmeter, Joule, Kilojoule
- ☐ D Newton, Joule, Kilojoule, Watt
- ☐ E Megawatt, Gigawatt, Kilowattstunden

3. Der Wirkungsgrad …

- ☐ A hat die Einheit kWh (Ws …).
- ☐ B hat die Einheit kW (W, MW, GW …).
- ☐ C ist eine Zahl ohne Einheit.
- ☐ D kann als Dezimalzahl oder in Prozent angegeben werden.
- ☐ E kann bei guter Wartung der Maschinen und Vermeidung anderer unerwünschter Energieumwandlungen > 1 sein.

4. Welche Aussagen treffen für Kohlekraftwerke zu?

- ☐ A Gegenwärtig haben Kohlekraftwerke immer noch einen hohen Anteil an der Stromversorgung in Deutschland.
- ☐ B Der Wirkungsgrad eines Kohlekraftwerkes liegt durchschnittlich bei 30-40 %.
- ☐ C Moderne Kohlekraftwerke erreichen einen Wirkungsgrad von etwa 80 %.
- ☐ D Kohlekraftwerke stoßen große Mengen an CO_2 und toxischen Schadstoffen aus.
- ☐ E Bis spätestens 2050 soll in Deutschland das letzte Kohlekraftwerk stillgelegt worden sein.
- ☐ F Kohlekraftwerke sind der „Schwarze Peter“ der Energieerzeugung, was die Umweltbelastung betrifft, aber in Krisen- und Kriegszeiten ohne Gaslieferungen das „Reserveass“.

(Blatt 2)

5. Wie heißt das Motto der Bundesregierung zur Energiewende?

☐ A "Gesundes Klima für Gegenwart und Zukunft"
☐ B "Energiewende – Umschalten auf Zukunft"
☐ C "Energiewende – Ausschalten der Umweltsünder"
☐ D "Energie sparen und gesund leben"
☐ E "Für gesunde Energie"

6. Welche Aussagen treffen für Pumpspeicherkraftwerke (PSW) zu?

☐ A Elektrische Energie wird in Form von potenzieller Energie in einem Stausee (Oberbecken) gespeichert.
☐ B PSW nehmen in nachfrageschwachen Zeiten ein Überangebot von elektrischer Energie im Stromnetz auf und geben sie bei Spitzenlast wieder ins Netz ab.
☐ C Pumpspeicherkraftwerke haben einen höheren Wirkungsgrad als andere Wasserkraftwerke.

7. Die Gezeiten …

☐ A liefern Energie für die Erzeugung elektrischen Stroms.
☐ B sind ausschließlich auf die Anziehungskraft des Mondes zurückzuführen.
☐ C werden durch das Zusammenspiel von Gravitationskräften zwischen Erde, Mond und Sonne sowie der Erdrotation verursacht.
☐ D können nur während der Flutphase zum Antrieb der Turbinen eines Gezeitenkraftwerkes dienen.

8. Wo befindet sich das erste kommerziell genutzte Gezeitenkraftwerk der Welt?

☐ A an der Elbmündung bei Cuxhaven in die Nordsee
☐ B nahe Lagrange an der französischen Atlantikküste
☐ C an der Mündung des Flusses Rance in der Bretagne in Nordwestfrankreich

6. Multiple-Choice-Energie-Test (Blatt 3)

9. Windenergie entsteht …

- ☐ A durch den Umlauf des Mondes um die Erde.
- ☐ B infolge der Erdrotation.
- ☐ C durch Umwandlung thermischer Energie der Sonne.
- ☐ D infolge von Druckunterschieden zwischen Luftmassen unterschiedlicher Temperaturen.

10. Welche Aussagen über die Nutzung der Windkraft sind zutreffend?

- ☐ A Die Windkraft wurde bereits im Altertum zum Antrieb von Mühlen, Pump- und Schöpfwerken genutzt.
- ☐ B Die erste belegte windbetriebene Anlage zur Stromerzeugung errichtete 1887 der Schotte James Blyh, um Akkumulatoren für die Beleuchtung seines Ferienhäuschens aufzuladen.
- ☐ C Der Amerikaner Charles Francis Brush baute 1887/88 eine Windkraftanlage, die er zur Versorgung seines Hauses mit elektrischer Energie aus einem Batteriespeicher benutzte.
- ☐ D 1900 entwickelte der Däne Poul la Cour das Konzept des Schnellläufers. Diese Windmotoren wurden im frühen 20. Jahrhundert nicht nur in Dänemark, sondern auch in anderen Ländern zur dezentralen Stromversorgung errichtet.
- ☐ E Mit dem Stromeinspeisungsgesetz von 1991 begann der Aufschwung der Windenergie in Deutschland, der sich mit dem Erneuerbare-Energien-Gesetz (in Kraft seit dem 1. April 2000) fortsetzte.
- ☐ F Die Windenergie nimmt nach der Photovoltaik den zweiten Platz bei der Nutzung erneuerbarer Energien zur Stromerzeugung in Deutschland ein.

11. Unter einem Windpark versteht man …

- ☐ A eine Landschaft mit erhöhter Windintensität.
- ☐ B eine Grünanlage, in welcher ein oder mehrere Windräder stehen
- ☐ C eine Gruppe von Windkraftanlagen an Land oder auf See.
- ☐ D eine Gruppe von Windkraftanlagen ausschließlich an Land.
- ☐ E eine Gruppe von Windkraftanlagen ausschließlich an der Küste in minimaler Entfernung von der See.

12. Wie heißt der erste deutsche Offshore-Windpark?

- ☐ A alpha mare
- ☐ B alpha centauri
- ☐ C alpha ventus
- ☐ D beta sea energy
- ☐ E Nordstream alpha
- ☐ F Nordstream ventus

6. Multiple-Choice-Energie-Test (Blatt 4)

13. Welche Aussagen sind bezüglich der Entstehung der Sonnenenergie zutreffend?

- ☐ A Durch Gravitation vermittelt, konzentriert sich in der Sonne Energie aus dem Weltall.
- ☐ B Ein Gravitationskollaps setzt Energie frei.
- ☐ C Die Energie entsteht wie in einem Kraftwerk durch Spaltung von Atomkernen.
- ☐ D Die Energie entsteht im innersten Kern der Sonne durch Kernfusion von Wasserstoffkernen zu Heliumkernen.

14. Was versteht man unter der Solarkonstanten?

- ☐ A die mittlere Entfernung der Erde von der Sonne
- ☐ B die Strahlungsleistung der Sonne, die bei mittlerem Abstand Erde-Sonne ohne den Einfluss der Atmosphäre senkrecht zur Strahlrichtung die auf einem Quadratmeter der Erdoberfläche auftrifft
- ☐ C einen konstanten Wert für die von der Sonne ausgeübte Gravitationskraft
- ☐ D die mittlere tägliche Sonnenscheindauer an einem bestimmten Ort der Erde
- ☐ E die durchschnittliche Temperatur an der Sonnenoberfläche

15. Sonnenenergie kann …

- ☐ A von Pflanzen in chemische Energie umgewandelt werden.
- ☐ B zur Warmwasserversorgung von Gebäuden benutzt werden.
- ☐ C in Form von Strahlungsdruck Turbinen und elektrische Generatoren antreiben.
- ☐ D über die Erzeugung von Wasserdampf zur Stromerzeugung genutzt werden.
- ☐ E direkt mittels Photovoltaik in elektrische Energie umgewandelt werden.
- ☐ F kann Pflanzen, Tieren und Menschen schaden.

16. Was versteht man unter dem photoelektrischen Effekt?

- ☐ A Belichtungstechnik moderner Kameras
- ☐ B Schwärzung von Fotoplatten bei Lichteinwirkung
- ☐ C Emission von Elektronen aus einem Metall durch Lichteinwirkung
- ☐ D Technik zum Fotografieren von Elektronen

17. *„Solargenerator“* ist eine Bezeichnung für …

- ☐ A ein Gerät zur Erzeugung von künstlicher sonnenähnlicher Strahlung.
- ☐ B eine Vorrichtung am Fotoapparat zur Belichtung.
- ☐ C eine komplette Photovoltaikanlage mit all ihren dazugehörigen Bauteilen.
- ☐ D einen elektrischen Generator in einem thermischen Solarkraftwerk.

KOHL VERLAG Lernwerkstatt Erneuerbare Energien – Bestell-Nr. 12 765

6. Multiple-Choice-Energie-Test (Blatt 5)

18. Was versteht man unter Biomasse?

- ☐ A Lebensmittel ohne chemische Zusätze
- ☐ B Masse aus Mist, Gülle, Ernteresten, biogenen Abfällen des Hausmülls …
- ☐ C Rohstoffe biologischen Ursprungs zur Produktion von Möbeln und Haushaltsartikeln.

19. Wie heißt die erste Phase der Verarbeitung von Biomasse in einer Biogasanlage?

- ☐ A Verbrennung
- ☐ B Verkohlung
- ☐ C Vergärung

20. Wie heißt das Motto bei der kontroversen Diskussion um Vorteile und Grenzen bei der Nutzung von Bioenergie?

- ☐ A Dank und Teller
- ☐ B Teller statt Tank
- ☐ C Tank-und-Teller-Debatte
- ☐ D Tank-oder-Teller-Debatte
- ☐ E Kraftstoff-und-Umwelt-Debatte

21. In welchen Fällen liegt eine nicht nachhaltige Nutzung von Bioenergie vor?

- ☐ A Anbau von Monokulturen auf gleicher Fläche über mehrere Jahre
- ☐ B Rücksichtslose Rodung von Regenwäldern, um beispielsweise Freiflächen für Palmölplantagen zu schaffen

22. Welche Temperatur herrscht annähernd im Erdinneren in 4000 m Tiefe?

- ☐ A 40 °C bis 43 °C
- ☐ B 85 °C bis 90 °C
- ☐ C 125 °C bis 130 °C
- ☐ D etwa 200 °C
- ☐ D über 5000 °C

23. Welche Aussage über die Funktion von Wärmepumpen – insbesondere in der oberflächennahen Geothermie – ist zutreffend?

- ☐ A Wärmepumpen wandeln thermische Energie aus dem Erdinneren in elektrische Energie um.
- ☐ B Heizung und Warmwasserbereitung von Wohngebäuden werden über eine Wärmepumpe vollständig durch Erdwärme gespeist.
- ☐ C Wärmepumpen heben die geringeren Temperaturen der oberflächennahen Geothermie an und machen somit Erdwärme nutzbar.

Lernwerkstatt Erneuerbare Energien – Bestell-Nr. 12 765

6. Multiple-Choice-Energie-Test (Blatt 6)

24. Wo befand sich das erste geothermische Fernheizungsnetz?

☐ A in der Nähe von München
☐ B in London, Holborn Viaduct
☐ C Geothermische Großanlage The Geysers der Firma Pacific Gas and Electric in Nord-Kalifornien
☐ D in Larderello in der Toskana
☐ E in Chaudes-Aigues in Frankreich

25. Wie lautetet Jules Vernes Vision von der Energiequelle der Zukunft?

☐ A Ohne Kohle keine Zukunft
☐ B Öl ist die Kohle der Zukunft
☐ C Wasserstoff ist die Kohle der Zukunft
☐ D Wasser ist die Kohle der Zukunft
☐ E Wasser macht Energie der Zukunft
☐ F Im Vulkan liegt die Energie für die Zukunft

26. Wer erfand die Brennstoffzelle?

☐ A Werner Siemens
☐ B Robert Bosch
☐ C Christian Friedrich Schönbein und Sir William Grove
☐ D Christian Friedrich Schönbein und Sir Isaac Newton
☐ E Alessandro Volta
☐ F Albert Einstein

27. Wie wurde die Brennstoffzelle früher bezeichnet?

☐ A als galvanische Gasbatterie
☐ B als chemischer Dynamo
☐ C als chemische Turbine
☐ D als Wasserbatterie
☐ E als Wasserstoffdynamo

28. Was versteht man unter grünem Wasserstoff?

Grüner Wasserstoff wird erzeugt …

☐ A aus Grünpflanzen.
☐ B aus Meeresalgen.
☐ C ausschließlich unter Einsatz erneuerbarer Energien.

KOHL VERLAG Lernwerkstatt Erneuerbare Energien – Bestell-Nr. 12 765

Lösungen

Kapitel I **Energie, Arbeit und Wirkungsgrad – Physikalische Grundlagen**

1. Was ist Energie?

Aufgabe 1: Individuelle Antworten, inhaltlich:

- Ein Perpetuum mobile ist eine Maschine (Gerät), die – einmal in Gang gesetzt – ohne weitere Energiezufuhr ewig in Bewegung bleibt und möglicherweise darüber hinaus noch Arbeit verrichtet.
- Sie erzeugt folglich die zu ihrem Betrieb nötige Energie und zusätzlich Nutzenergie.
- Eine solche Maschine widerspricht dem Energieerhaltungssatz.

Aufgabe 2: Zutreffend sind:

C Energie ist unter anderem ein Maß für das Vermögen eines Körpers, Arbeit im physikalischen Sinn zu verrichten.

D Energie wird in Joule (1 J) gemessen.

G Energie kann in einem abgeschlossenen System weder erzeugt werden noch verloren gehen.

I Energie tritt in verschiedenen Formen auf, die ineinander umgewandelt werden können.

Aufgabe 3: Individuelle Antworten, beispielsweise:

Wasser im Stausee einer Talsperre	... besitzt potenzielle Energie
Rotor eines Windrades	... besitzt kinetische Energie
heißer Dampf einer Heizungsanlage	... besitzt thermische Energie
elektrischer Strom	... besitzt elektrische Energie
Wasserstoff in Reaktion mit Sauerstoff	... besitzt chemische Energie
radioaktives Element	... besitzt Strahlungsenergie

Aufgabe 4: Individuelle Beispiele für Energiewandler

Energieform	Energiewandler ➲	Energieform
E_{th}	Turbine des Kohlekraftwerkes	E_{kin}
E_{pot}	Turbine des Wasserkraftwerkes	E_{kin}
E_{kin}	Generator des Wasserkraftwerkes	E_{el}
E_{mech}	Reibung	E_{th}
	individuelles Beispiel	

Aufgabe 5: Vorstellung des Antriebsmechanismus:
Das aus dem oberen Becken herabfließende Wasser treibt ein Wasserrad an, welches seine Bewegungsenergie über eine Kombination von einer Welle und Zahnrädern sowohl auf die Schleifscheibe als auch auf eine Archimedische Schraube überträgt.
Die archimedische Schraube befördert das Wasser aus dem Unterbecken wieder ins Oberbecken und treibt zusätzlich über eine weitere Kombination von Wellen und Zahnrädern die Schleifscheibe sowie eine Wasser-Kühlung an.

Dieser Antrieb ist nicht realisierbar.

Die potenzielle Energie des aus dem Oberbecken herabströmenden Wassers würde nach dem Energieerhaltungssatz bei Vernachlässigung der Reibung und Erwärmung des Wassers bestenfalls für die Hubarbeit ausreichen, um das Wasser aus dem Unterbecken wieder ins Oberbecken zu befördern. Eine zusätzliche Versorgung der Schleifscheibe mit kinetischer Energie ist nach dem Energieerhaltungssatz nicht möglich.

Aufgabe 6: Während es sich bei dem "Wasser-Perpetuum mobile" um ein geschlossenes energetisches System handelt, ist das System der von einem Kehrrad angetriebenen Trommelfördermaschine offen, da ständig potenzielle Energie mit dem von der äußeren Umgebung zufließenden Wasser zugeführt wird. Diese wird fortlaufend in kinetische Energie des Kehrrades umgewandelt und kompensiert außerdem die durch Reibung bedingte unerwünschte Energieumwandlung in thermische Energie.

Lösungen

Kapitel I — Energie, Arbeit und Wirkungsgrad – Physikalische Grundlagen

Aufgabe 7:

a) Der Energieerhaltungssatz gilt nur in geschlossenen Systemen. Diese sind idealisierte Modelle bzw. können nur angenähert unter Laborbedingungen realisiert werden. Um reale Vorgänge zu beschreiben, sind Energiebetrachtungen in offenen Systemen nötig, in denen ein Energietransfer möglich ist.

b) Beim Energietransfer zwischen offenen Systemen werden Arbeit oder (und) Wärme ausgetauscht.

c) Durch Reibung rotierender Teile von Turbinen und Generatoren wird ein Teil der kinetischen Energie durch unerwünschte Reibung in thermische Energie umgewandelt. Es erfolgt ein Energietransfer durch Wärmeabgabe an die Umgebung (offenes System). Weiterhin findet ein unerwünschter Energietransfer eines Teils der bei der Verbrennung frei werdenden thermischen Energie an die Umgebung durch Wärmetransport mit den Verbrennungsgasen und Materialerwärmung statt.

2. Kraft, Arbeit, Energie, Leistung, Wirkungsgrad – Symbole, Formeln und Einheiten

Aufgabe 1:

Physikalische Größe	Symbol	Formel	Einheiten
Kraft	F	-	1 N
mechanische Arbeit	W	$W = F \cdot s$ $W = P \cdot t$	1 Nm, 1 J (1 Ws, 1 kWh)
Energie	E	je nach Form und $E = P \cdot t$	1 Nm, 1 J, 1 Ws, 1 kWh
Leistung	P	$P = \frac{W}{t}$	$1 \frac{J}{s}$, 1 W, 1 MW
Wirkungsgrad	η	$\eta = \frac{E_{ab}}{E_{zu}}$	ohne Einheit, in %

Aufgabe 2:

$E_{zu} = P \cdot t = 60\ W \cdot 5\ h \cdot 30 = 9\ kWh$

$\eta = 5\% \Rightarrow \frac{E_{ab}}{E_{zu}} = 0{,}05 \Rightarrow \frac{E_{ab}}{9\ kWh} = 0{,}05$

$E_{ab} = 0{,}05 \cdot 9\ kWh = 0{,}45\ kWh$

Energieverlust durch Wärmeabgabe: $\Delta E = 9\ kWh - 0{,}45\ kWh = 8{,}55\ kWh$

Kapitel II — Fossile Energiequellen

1. Energiequellen

Aufgabe 1:

Umwandlung von Strahlungsenergie der Sonne zu ...: Vorgang	Bezeichnung		Energieform nach der Umwandlung (Speicherung) der Sonnenenergie	Ist die Nutzung umweltfreundlich? (Ja/Nein) Bemerkungen
1	Fossile Energiequellen	Erdöl	E_{ch}	nein
2		Erdgas		
3		Kohle		hoher CO_2-Ausstoß
4	Brennholz		E_{ch}	ja bei Beachtung nachhaltiger Nutzung
5	Meeresenergie		E_{pot} und E_{kin}	ja
6	Regen als Energieträger und zum Energietransport		E_{pot}	ja
7	Windenergie		E_{kin}	ja
8	chemische Energie von Raps zur Gewinnung von Biodiesel		E_{ch}	ja
9	Solarzelle zur direkten Umwandlung in elektrische Energie		E_{el}	ja

KOHL VERLAG Lernwerkstatt Erneuerbare Energien – Bestell-Nr. 12 765

Lösungen

Kapitel II Fossile Energiequellen

1. Energiequellen

Aufgabe 2: Individuelle Antworten, zum Beispiel:

Die Sonne lässt mit ihrer Energie Wasser auf der Erdoberfläche verdampfen und hebt den Wasserdampf empor. Der Wasserdampf in den Wolken, der zu Wassertropfen kondensiert, ist somit Träger potenzieller Energie, die bei Regen in die Becken von Stauseen oder in die Flüsse transportiert und in kinetische Energie fließenden Wassers oder rotierender Turbinen umgewandelt wird.

2. Nutzung fossiler Brennstoffe und Umwelt

Aufgabe 1:

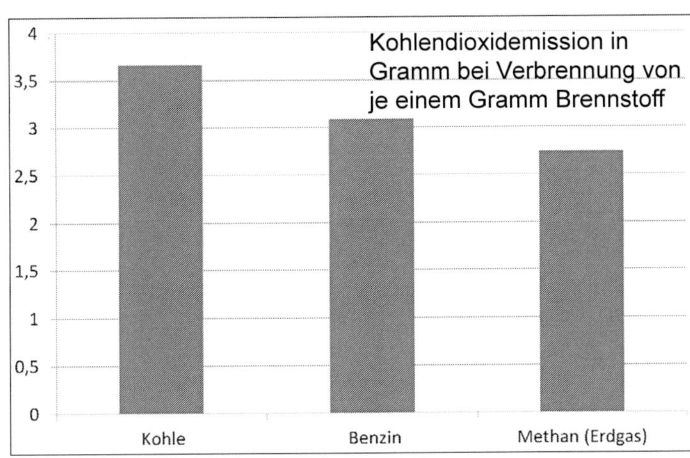

Aufgabe 2: Schlussfolgerungen:

- Reduzierung der Energiegewinnung aus fossilen Brennstoffen
- vorrangig Kohleausstieg
- Ausbau der Nutzung erneuerbarer Energien ohne bzw. mit geringeren CO_2-Emissionen

3. Das Kohlekraftwerk – Klassiker und Umweltsünder

Aufgabe 1: Prinzipielle Funktionsweise eines Kohlekraftwerkes.
In dem mit Verdampferrohren ausgekleideten Brennerraum (auch Feuerraum) des Dampfkessels wird die in vorgeschalteten Brechanlagen und Kohlemühlen zerkleinerte Kohle bei Temperaturen von 800-1300 °C verbrannt. Das in die Rohre eingespeiste Wasser wir dort durch die freiwerdende Verbrennungswärme verdampft. Der über Rohrleitungen zur Turbine strömende Wasserdampf treibt diese an. Die Turbine gibt die Bewegungsenergie an den mit einer Welle verbundenen Generator weiter, welcher die mechanische Energie in elektrische Energie umwandelt.

Lösungen

Kapitel II **Fossile Energiequellen**

3. Das Kohlekraftwerk – Klassiker und Umweltsünder

Aufgabe 2:

Energieform	Träger/Energiewandler	
E_{ch}	**Kohle**	
↓	**Verbrennung**	
E_{th}	**Wasserdampf**	
↓	**Dampfturbine**	
E_{kin}	**Turbinenschaufeln**	
↓	**Elektrischer Generator**	
E_{el}	**Netz**	

Aufgabe 3:

Antwort: (ohne Anspruch auf Vollständigkeit)

a) Unerwünschte Energieabgabe thermischer Energie:
- an heiße Rauchgase
- durch Erwärmung des Schornsteins und peripherer Teile der Brennkammer (27)
- an das Kühlwasser
- an den Kühlturm (1)
- an den aus dem Kühlturm austretenden Wasserdampf

Unerwünschte Energieumwandlung mechanischer Energie in thermische Energie durch Reibung der rotierenden Teile der Dampfturbine und des Generators

b) Bedarf an elektrischer Energie beispielsweise für die Funktion von Kühlwasserpumpe, Kondensatpumpe, Kohlemühle, Gebläse und Saugzuggebläse

Lösungen

Kapitel II Fossile Energiequellen

3. Das Kohlekraftwerk – Klassiker und Umweltsünder

Aufgabe 4: „Kohlekraftwerke stehen aus einer Reihe von Gründen in der Kritik von Wissenschaft, Umweltschutz- und Naturschutzorganisationen und Menschenrechtlern. Hauptgründe hierfür sind die schlechte Treibhausgasbilanz von Kohlekraftwerken, ihr hoher Schadstoffausstoß, die damit verbundenen *ökologischen und ökonomischen Folgen sowie soziale Probleme infolge des Kohleabbaus.“* (Zitat entnommen aus: https://de.wikipedia.org/wiki/Kohlekraftwerk)

- im Vergleich zu anderen fossilen Brennstoffen hoher CO_2-Anteil der Verbrennungsgase, wobei CO_2 ein Treibhausgas ist, welches zur globalen Erwärmung beiträgt
- hoher Schadstoffausstoß: Feinstaub mit Spuren von Schwermetallen, Schwefeldioxid, Stickstoffoxide und toxische Polyzyklische Aromatische Kohlenwasserstoffe

Folgen des Schadstoffausstoßes unter anderem:
Saurer Regen, Schädigung von Pflanzen, Waldsterben, Giftstoffe in der Nahrungskette, Erkrankungen (häufig Krebserkrankungen) insbesondere von Haut, Lunge, Magen, Darm

Aufgabe 5: Zum Beispiel (Stand November 2019):

Name	Bundesland	Leistungen	
		P_{el} in MW (= Megawatt)	Wärmeauskopplung P_{th} in MW
Kraftwerk Bergkamen	Nordrhein-Westfalen	780	20
Kraftwerk Bexbach	Saarland	780	0
Kraftwerk Boxberg	Sachsen	2582	125
Kraftwerk Buschhaus	Niedersachsen	405	0
Kraftwerk Datteln	Nordrhein-Westfalen	1100	380

(Angaben auszugsweise entnommen aus: https://de.wikipedia.org/wiki/Liste_fossil-thermischer_Kraftwerke_in_Deutschland)

Aufgabe 6: „Das Kohleausstiegsgesetz sieht vor, die Kohleverstromung schrittweise zu verringern und bis spätestens Ende 2038 ganz zu beenden. Konkret bedeutet dies: Bis zum Jahr 2022 wird der Anteil der Kohleverstromung durch Stein- sowie Braunkohlekraftwerke auf jeweils rund 15 Gigawatt zurückgefahren. Bis 2030 sind weitere Schritte auf rund 8 Gigawatt Leistung bei den Steinkohlekraftwerken und 9 Gigawatt Leistung bei den Braunkohlekraftwerken vorgesehen.“

(entnommen aus: https://www.bundesregierung.de/breg-de/themen/klimaschutz/kohleausstieg-1664496)

Kapitel III Energiewende – Umschalten auf Zukunft

1. Erneuerbare Energien – Definition und Überblick

Aufgabe 1: Erneuerbare Energiequellen …
- stehen praktisch unerschöpflich zur Verfügung
- regenerieren sich im Vergleich zu den fossilen Energiequellen schnell

Aufgabe 2: Energiewende ist der deutschsprachige Begriff für den Übergang von der nicht nachhaltigen Nutzung von fossilen Energieträgern sowie der Kernenergie zu einer nachhaltigen Energieversorgung mittels erneuerbarer Energien
(aus: https://de.wikipedia.org/wiki/Energiewende)

Lösungen

Kapitel III Energiewende – Umschalten auf Zukunft

1. Erneuerbare Energien – Definition und Überblick

Aufgabe 3:

a) - In seiner ursprünglichen Bedeutung weist „nachhaltig“ als Adjektiv darauf hin, dass eine Handlung längere Zeit anhaltend wirkt.
- Die forstwissenschaftliche Deutung als forstwirtschaftliches Prinzip besagt, dass nicht mehr Holz gefällt werden darf, als jeweils nachwachsen kann.
- Als moderne, umfassende Bedeutung versteht man das Prinzip, nach dem nicht mehr verbraucht werden darf, als jeweils nachwachsen bzw. sich regenerieren kann.

b) Individuelle Formulierung, inhaltlich:

Beim Umgang mit den Ressourcen beispielsweise zur Energiegewinnung für den Verbrauch von heute nicht verantwortungslos unter dem Motto „nach uns die Sintflut“ vorgehen, sondern an das Morgen denken und folglich verantwortungsvoll mit allen Ressourcen umgehen, das Klima schonen, um eine lebensfreundliche Umwelt als „Erbe“ für unsere Enkel zu hinterlassen.

Aufgabe 4:

Individuelle Texte

In Bezug zu den Bildern sollten in den Schülertexten folgende Zuordnungen erkennbar sein:

Mühlrad (Wassermühle) → Turbine eines Wasserkraftwerkes

Frühbeet → Solaranlagen

Misthaufen → Bioenergie

Windmühle → Windkraftanlage

Segelschiff → Meeresenergie/Windenergie

heiße Quelle → Geothermie

2. Das Motto der Bundesregierung – Beschlüsse zur Realisierung der Klimawende

Aufgabe:

Signale der Bundesregierung:

- Ausbau Erneuerbarer Energiequellen bei Begrenzung der Kosten vorantreiben
- Anteil erneuerbarer Energien am Bruttostromverbrauch erhöhen
- mehr Klimaschutz durch Erneuerbare Energien
- Ziel, den gesamten Strom in Deutschland bis 2050 treibhausgasneutral zu erzeugen und zu verbrauchen
- Stromversorgung in Deutschland bis 2035 nahezu vollständig durch erneuerbare Energien

Kapitel IV Die Kraft des Wassers

1. Wasserkraftwerke an Land

Aufgabe 1:

Standorte in Deutschland (beispielsweise):

Kraftwerkstyp / Bezeichnung	Funktion / Merkmale	Beispiel / Standort
Laufwasserkraftwerk (LK)	Mit dem gestauten Wasser eines Flusses werden Turbinen angetrieben.	Rheinkraftwerk Laufenburg, BW
Speicherkraftwerk (SK)	Das Wasser wird über einen Zeitraum von mehreren Stunden bis mehreren Monaten gespeichert, um bei Bedarf wertvolle Spitzenenergie zu erzeugen.	Walchenseekraftwerk, Bayern
Pumpspeicherkraftwerk (PSW)	Hier handelt es sich um ein SK, bei dem mit überschüssigem Strom Wasser aus einer niedrigen Lage in einen höher gelegenen Stausee gepumpt wird, um später Spitzenstrom bei erhöhtem Strombedarf zu erzeugen. PSK bieten als derzeit einzige Energieanlagen die Möglichkeit, Elektrizität wirtschaftlich und in nennenswertem Umfang mit Hilfe potenzieller Energie (Speicherwasser) zu speichern.	Goldisthal, Thüringen

Lösungen

Kapitel IV Die Kraft des Wassers

1. Wasserkraftwerke an Land

Aufgabe 2: Ordne die folgenden Begriffe passend zu.

A Oberwasser B Maschinenhaus C Turbine
D Generator E Rechen F Rohrleitung
G Transformator H Unterwasser I Staudamm
J Diffusor

Aufgabe 3: Die kinetische Energie fließenden Wassers wird zunächst auf eine Turbine und nachfolgend auf den Generator übertragen, in welchem die mechanische (kinetische) Energie in elektrische Energie umgewandelt wird.

Aufgabe 4: In einem Pumpspeicherwerk wird je nach Bedarf im Stromnetz (Überschuss oder Mangel) mechanische Energie in elektrische Energie oder umgekehrt elektrische Energie in mechanische Energie umgewandelt. Bei Strombedarf im Netz wird – wie bei einem Kraftwerk üblich – Wasser aus dem meist künstlich angelegten Oberbecken über Rohre zu Turbinen geleitet, welche einen Generator zur Stromerzeugung antreiben. Dabei wird die potenzielle
Energie des Wassers im hoch gelegenen Oberbecken in kinetische Energie des fließenden Wassers umgewandelt. Diese wird auf Turbinen und Generator übertragen, welcher die kinetische Energie des Rotors in elektrische Energie umwandelt.
Bei Stromüberschuss im Netz wird die überschüssige elektrische Energie zum Antrieb von Pumpen verwendet, welche das Wasser aus dem Unterbecken wieder zurück ins Oberbecken befördern. Die bei dem Hebevorgang der Pumpen aus elektrischer Energie umgewandelte potentielle Energie wird in dem ins Oberbecken beförderten Wasser gespeichert.

Aufgabe 5:

a) Der prozentuale Anteil des aus Wasserkraft erzeugten Stroms an der Bruttostromversorgung aus allen Energieträgern betrug im Jahr 2021 in Deutschland 3,3 %.

b) Der Strom aus Wasserkraft hatte im Jahr 2021 in Deutschland einen Anteil von 8,2 % an der Bruttostromversorgung aus erneuerbaren Energien.

Aufgabe 6:

Vorteile	Schwierigkeiten/Nachteile

- relativ lange Betriebsdauer und damit eine höhere Sicherheit bei Investitionen
- stabile, zuverlässige Energiequelle
- Energieerzeugung weitgehend unabhängig von Wetter und Jahreszeit
- Anpassung der Leistungsabgabe teilweise an den Verbrauch möglich
- keine CO_2- oder andere Emissionen von Luftschadstoffen durch den direkten Betrieb
- Stausee ermöglicht Schifffahrt durch Ausgleich der Wassertiefe auf Teilstrecken des Flusses
- unter bestimmten Bedingungen Funktion der Stauanlage zum Hochwasserschutz möglich
	- hohe Investitionskosten
	- Enteignungen und Umsiedlung der Anwohner, Zerstörung von Landschaft und von Kulturgütern beim Bau der Wasserkraftanlagen
	- ökologisch nachteilige Folgen durch:
	  - Reduzierung der Restwassermenge unterhalb der Stauanlage
	  - Veränderung des natürlichen Fließgewässer-Systems
	  - höheres Sterberisiko für Fische durch Turbinen, Wehre, Pumpen und Treibgutrechen im Staubereich
	- Entstehung klimaschädlicher Faulgase im Staubereich durch Verwesung von organischen Ablagerungen und Vegetation
	- Gefahr bei Erderschütterungen und terroristischen Aktionen

Aufgabe 7:

Name	Staat	in Betrieb seit	Fluss	Nennleistung in MW
Drei Schluchten	China	2012	Jangtsekiang	22 500
Itaipu Binacional	Paraguay / Brasilien	1983	Río Paraná	14 000
Guri (Simón Bolívar)	Venezuela	1986	Río Caroní	10 235
Grand Coulee	USA	1942	Columbia River	6809
Assuan	Ägypten	1970	Nil	2100

Lösungen

Kapitel IV Die Kraft des Wassers

2. Gezeitenkraftwerke, Wellen- und Meeresströmungskraftwerke

Aufgabe 1: Individuelle Texte und Projektideen, inhaltlich:
Die „Blaue Kohle“ steht für die Energie des Meeres.

Aufgabe 2:

Bild 1 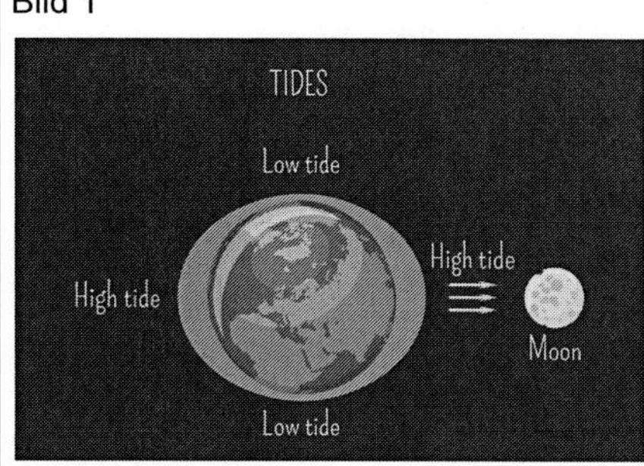	Die Gravitationskraft des Mondes (auch die Sonne hat Einfluss) bewirkt im Zusammenspiel mit der Rotation der Erde die Gezeiten – Anhebung und Absenkung des Meeresspiegels. Gezeitenkraftwerke nutzen die mechanische Energie des Meeres, die im natürlichen Wechsel von Ebbe und Flut enthalten ist.
Bild 2 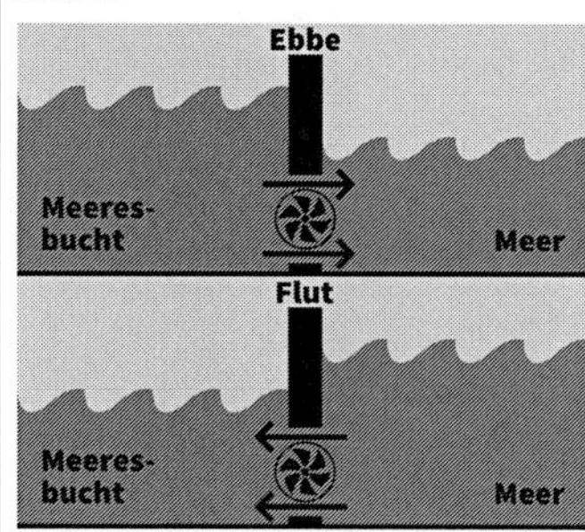	Zum Bau von Gezeitenkraftwerken werden Flussmündungen oder natürliche Meeresbuchten mit Staumauern vom offenen Meer abgetrennt. Durch Öffnungen, die mit Turbinen versehen werden, kann bei Flut das Meerwasser einströmen, bei Ebbe wieder ablaufen. Die Turbinen können je nach Ausrichtung in beiden Strömungsrichtungen Strom erzeugen.
Bild 3  ***Gezeitenkraftwerk La Rance***	Das 1966 in Nordwestfrankreich in der Bretagne gelegene Gezeitenkraftwerk La Rance bezieht den größten Teil seiner Energie aus der Gezeitenströmung des Atlantiks, welcher an dieser Stelle einen Tidenhub – die Differenz zwischen Hoch- und Niedrigwasser – von mindestens 8 m aufweist. Mit seiner Spitzenleistung von 240 MW war es weltweit das erste Kraftwerk, das Strom kommerziell ins Netz einspeiste.

Aufgabe 3: In Deutschland gibt es weder Gezeitenkraftwerke noch Wellen- und Meeresströmungskraftwerke, da weder der Tidenhub noch die Strömungen und Wellenkräfte an den deutschen Küsten ausreichen, um die nötige Energie zu einer wirtschaftlich rentablen Umwandlung in Elektrizität zu liefern.
Der Tidenhub an der deutschen Nordseeküste nimmt Werte im Bereich 2-3 m an; an der Ostsee beträgt er nur etwa 30 cm.
Zum Vergleich: An der Mündung des Flusses Rance – Standort des Gezeitenkraftwerkes in der Bretagne – weist der Atlantik einen Tidenhub von etwa 8 m auf.

Lösungen

Kapitel V Windkraftanlagen

1. Zur Geschichte der Nutzung von Windkraft

Aufgabe 1: Individuelle Texte, beispielsweise:

Bereits im Altertum nutzten die Menschen die Kraft des Windes, indem es ihnen gelang, die Energie der linearen Bewegung des Windes in Rotationsenergie der Mahlwerke von Windmühlen umzuwandeln. Windmühlen und Wassermühlen waren die einzigen Kraftmaschinen vor der Erfindung der Dampfmaschine. Sie wurden nicht nur als Mahlmühlen, sondern auch als Sägemühlen und als Pump- und Schöpfwerke genutzt.

In einigen Regionen Asiens und Europas, die durch ebene und trockene Landschaften geprägt sind, waren Windmühlen die einzig möglichen Kraftmaschinen der Zeit, da die Bedingungen für den Betrieb von Wassermühlen nicht gegeben waren – so im mittleren Osten, in Griechenland und in Portugal sowie in den Niederlanden, Dänemark, Teilen Englands, im westlichen Schleswig-Holstein und im nördlichen Niedersachsen.

Die in Windmühlen in Rotationsenergie von drehbaren Maschinenteilen umgewandelte Energie des Windes konnte auf diese Weise aber nur vor Ort genutzt werden.

Die erste belegte windbetriebene Anlage zur Stromerzeugung errichtete 1887 der Schotte James Blyh, um Akkumulatoren für die Beleuchtung seines Ferienhäuschens aufzuladen. Seine einfache, robuste Anlage hatte eine vertikale Achse von 10 m Höhe und vier auf einem Kreis von 8 m Durchmesser angeordnete Segel.

Der Amerikaner Charles Francis Brush baute 1887/88 eine Windkraftanlage auf der Basis der Westernmill, die er zur Versorgung seines Hauses mit elektrischer Energie aus einem Batteriespeicher benutzte.

1900 entwickelte der Däne Poul la Cour das Konzept des Schnellläufers. Diese Windräder zeichneten sich durch ein verbessertes Flügelprofil aus und konnten somit die Windenergie effizienter umsetzen. Während des Ersten Weltkrieges waren über 250 Anlagen dieses Typs in Dänemark in Betrieb. Nicht nur in Dänemark, sondern auch in anderen Staaten wurden im frühen 20. Jahrhundert die ***Windmotoren*** zur dezentralen Stromversorgung errichtet.

Mit der flächendeckenden Elektrifizierung in der Zeit zwischen den Weltkriegen verschwanden viele dieser Anlagen wieder, da die mit Gleichstromgeneratoren und Akkuspeichern ausgerüsteten Windmotoren nicht mit Wechselstrom-Netzen kompatibel waren.

Obwohl nach dem zweiten Weltkrieg die Windenergieforschung in einigen Staaten weiter vorangetrieben wurde, bestand angesichts niedriger Energiepreise keine Notwendigkeit zur Errichtung weiterer Anlagen zur wirtschaftlichen Nutzung der Windenergie.

Ab den 1970er Jahren kam es unter anderem infolge der Umwelt- und Energiedebatte und zweier Ölkrisen zu einer Renaissance der Windenergienutzung. Viele neue Konstruktionen wurden erprobt.

Auf Basis dieser nach heutigen Maßstäben kleinen Anlagen fand dann in den 1990er und 2000er Jahren die weitere Entwicklung hin zu Großturbinen mit variabler Drehzahl und verstellbaren Rotorblättern statt.

Das Gesetz über die Nutzung erneuerbarer Energien – und dabei steht die Windkraft an erster Stelle – (EEG, in Kraft seit dem 1. April 2000) setzte die Rahmenbedingungen für einen erneuten Aufschwung sowohl bei der technischen Weiterentwicklung der ***Windkraftanlagen*** als auch bei der Einspeisung der Windenergie ins Stromnetz.

Aufgabe 2:

(1) steinerner Unterbau
(2) Galerie
(3) Mehlrohr
(4) Mahlgang
(5) Stirnrad
(6) Stockrad
(7) Königswelle
(8) Sackaufzug
(9) Hebetisch
(10) Obenbunkler
(11) Drehkranz
(12) „Spinne“ zur Jalousiesteuerung
(13) Ruten mit Jalousien
(14) Flügelwelle
(15) Obenkammrad
(16) Windrose

(A) Anlieferungshalle
(B) Galerieboden
(C) Mehlboden
(D) Steinboden
(E) Hebeboden
(F) Kappboden
(G) Kappe

Lernwerkstatt Erneuerbare Energien – Bestell-Nr. 12 765

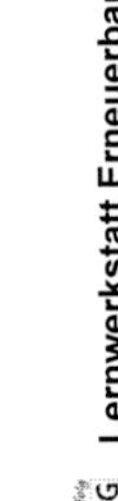

Lösungen

Kapitel V Windkraftanlagen

2. Funktionsprinzip und Technik von Windkraftanlagen

Aufgabe: Zutreffend sind:
1. C, 2. C, 3. D, 4. D, 5. C, 6. C

3. Offshore-Windparks – Mehr Energie vom Meer

Aufgabe 1: a)

Jahr	2011	2021
Offshore-Windenergie	0,1 %	4,2 %

Die Nutzung der Offshore-Windenergie hat im Zeitraum von 2011 (Inbetriebnahme der ersten Windkraftanlage alpha ventus) bis 2021 einen großen Aufschwung erlebt. Der prozentuale Anteil der Offshore-Windenergie an der Bruttostromversorgung in Deutschland nahm in diesem Zeitraum um 4,1 % zu. Damit war der Anteil der Offshore-Windenergie an der Bruttostromversorgung in Deutschland im Jahr 2021 42mal so groß wie im Jahr 2011.

b)

Jahr	2021
Onshore-Windenergie	15,9 %
Offshore-Windenergie	4,2 %

Obwohl die Nutzung der Offshore-Windenergie seit dem Jahr 2011 gewachsen ist, lag sie im Verhältnis von etwa 1:4 (grob angenähert) zur Nutzung der Onshore-Windkraft 2021 weit hinter dieser zurück.

c) Ziel der Bundesregierung:

2021	bis 2030	bis 2040
15 GW	auf 20 GW	auf 40 GW
100 %	um ≈ 33 %	um ≈ 167 %

Zum Jahr 2030 sollen 20 GW Leistung Offshore-Windenergie installiert werden, was gegenüber der 2021 vorhandenen installierten Leistung von 15 GW einer Steigerung um etwa 33 % entspricht. Bis 2040 ist die Installation von 40 GW Leistung geplant, was einer Steigerung um etwa 167 % gegenüber dem Jahr 2021 entspricht.

Aufgabe 2:

Offshore-Windkraftanlagen	
Vorteile	**Nachteile**
- sind weniger umstritten als solche an Land, da sie weniger Auswirkungen auf die Gesundheit und das Wohlbefinden der Menschen haben und die Landschaft nicht verändert wird - auf See ausreichend Fläche zur Installation vorhanden - Keine Konflikte mit Politik, Kommunen und Umweltschützern bei der Flächensicherstellung - höhere Leistungsabgabe als bei Onshore-Windkraftanlagen, da größere Windstärke	- Anlagenbau auf See wesentlich aufwendiger und kostenintensiver als bei Anlagen auf dem Land - deutlich höhere Risiken sowohl beim Bau als auch bei der Erhaltung - benötigt Seekabel, um den Strom aufs Land zu bringen - Betriebs- und Wartungskosten deutlich oberhalb der Kosten von vergleichbaren Windparks an Land - deutlich schwieriger zu erreichen, wobei insbesondere bei rauem Wetter auf See die Anlagen oft auch tagelang nicht erreicht werden können - Korrosion des Materials durch Salzwasser

Lösungen

Kapitel V Windkraftanlagen

3. Offshore-Windparks – Mehr Energie vom Meer

Aufgabe 3: Individuelle Formulierung des „Steckbriefes“, inhaltlich:

- erster deutscher, 2010 wirtschaftlich in Betrieb genommener Offshore-Windpark
- in der deutschen Bucht vor der niedersächsischen Nordseeküste gelegen
- Betreiber: Zweckgemeinschaft der Unternehmen EWE, RWE und Vattenfall
- 12 Windkraftanlagen zur Umwandlung der Windenergie in Elektrizität mit einer Leistung von 60 MW (12 mal 5 MW)
- mittlere Windgeschwindigkeit auf Nabenhöhe bei ca. 10 m/s
  (zum Vergleich: 5 bis 6 m/s bei Windturbinen in Nabenhöhe auf Land)
- Leitung des Stromes durch ein Seekabel über die Insel Norderney zum Festland und über Umspannwerk Hagermarsch zur Einspeisung ins öffentliche Netz

4. Pro und Contra Windkraftanlagen

Aufgabe 1: Individuelle Lösungen, inhaltlich:

- “Rohstoff“ Wind unerschöpflich vorhanden
- Energieträger Wind kostenlos lieferbar
- kein Import von Rohstoffen nötig
- in allen Klimazonen, an Land und auf See funktionstüchtig
- saubere, ästhetische Kraftwerke
- keine Emission von Treibhausgasen und anderen Schadstoffen
- nachhaltige Energiegewinnungsform
- vergleichsweise niedriger Flächenverbrauch

Aufgabe 2: Individuelle Lösungen, inhaltlich:

- Leistungsabgabe unregelmäßig, da von der Windgeschwindigkeit abhängig
- Drosselung oder Abschaltung der Anlagen bei Sturm
- Schallemission
- Schattenwurf
- Eiswurf
- Kollisionen mit Vögeln und Fledermäusen
- oft Konflikte mit Kommunen und Grundstücksbesitzern bei der Bereitstellung von Flächen
- Rückbau und Recycling aufwendig

Aufgabe 3: Individuelle Lösungen, z. B.:

- Die Antriebsleistung des Hochgeschwindigkeitszuges IC 3 beträgt 8 MW.
- Die Leistung des Wasserkraftwerkes im Assuan-Staudamm beträgt 2,1 GW.
- Die Leistung, die die Erde als Wärme aus Erdmantel und Erdkern abgibt, beträgt 44 TW.

Kapitel VI Solarkraft

1. Allgemeines zur Nutzung der Solarenergie

Aufgabe 1:

- abhängig von dem veränderlichen Abstand der Erde von der Sonne, folgend aus der elliptischen Umlaufbahn der Erde um die Sonne
- Verminderung der Strahlungsleistung durch Reflexion und Absorption der Strahlung in der Erdatmosphäre
- Abhängigkeit der Intensität der Sonneneinstrahlung von der geographischen Breite des Ortes und der Jahreszeit – bedingt durch die Neigung der Erdachse gegen die Ebene ihrer Umlaufbahn um die Sonne
- allgemeine Abhängigkeit vom im Laufe eines Tages veränderlichen Einfallswinkel der Sonnenstrahlen gegen die Erdoberfläche
- Einfluss der Witterung auf die Intensität der auf der Erdoberfläche auftreffenden Strahlung

Lösungen

Kapitel VI Solarkraft

1. Allgemeines zur Nutzung der Solarenergie

Aufgabe 2: Individuelle Antworten, z. B.:

- Architektur der alten Ägypter mit Ausrichtung der Türen in heißen Gegenden nicht gegen Süden, um die Sonnenwärme mittags fernzuhalten und in kühleren Regionen gegen Süden, um die Räume zu erwärmen
- während des römischen Reiches erstmalig Verwendung von Glas in Fenstern, um Licht und Wärme in den Häusern einzufangen, erste Gewächshäuser aus Glas
- Erfindung von Archimedes durch Konzentration von Sonnenlicht in einem Punkt mit Hilfe von Spiegeln zu dem Zweck, feindliche Schiffe in Brand zu setzen

Aufgabe 3: Die beiden wesentlichen Arten zur Nutzung der Sonnenenergie sind:

- Nutzung der Sonnenwärme mittels Sonnenkollektoren zur Erwärmung von Wasser und Erzeugung von Wasserdampf, der auch zur Stromerzeugung genutzt werden kann. (Solarthermie)
- Nutzung der Strahlungsenergie der Sonne mittels Solarzellen zur direkten Erzeugung von elektrischem Strom (Photovoltaik)

2. Solarthermie – Sonnenkollektoren

Aufgabe 1:

- Die wärmeabsorbierende und gut leitende Fläche der Flachkollektoren, gibt die Wärme an Röhren ab, die mit einem Wärmeträgermedium gefüllt sind.
- Dieses wird dann mit einer durch einen Temperatursensor gesteuerten Umwälzpumpe in den Wärmeaustauscher des Speichers gepumpt.
- Kollektoren können u. a. zur Warmwasserbereitung und zur eigenständigen und vollwertigen Heizung in Wohnhäusern eingesetzt werden.

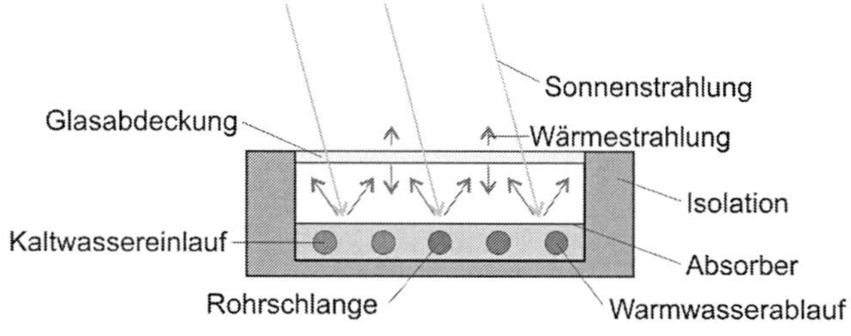

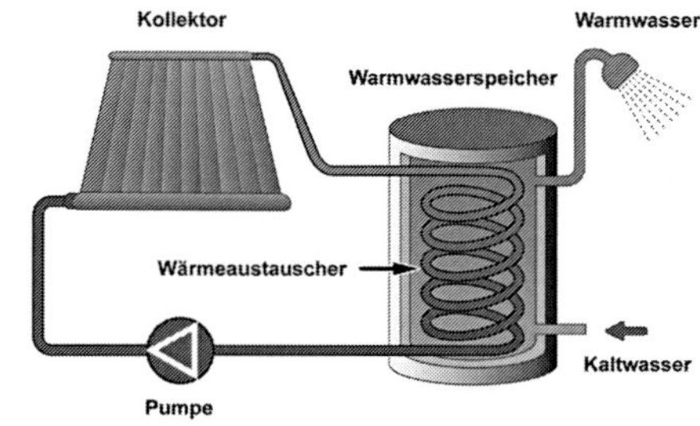

Aufgabe 2: Zwischen zwei Glasröhren befindet sich ein Vakuum. Im Vakuum kann weder Wärmeströmung noch Wärmeleitung als Form der Wärmeübertragung stattfinden, da keine beweglichen Teilchen vorhanden sind. Dadurch ist die Dämmwirkung wesentlich höher als bei Flachkollektoren und unerwünschte Wärmeabgabe nach außen wird wesentlich reduziert. Folglich kann nur die Abgabe der Strahlungsenergie des Lichtes an den Absorber stattfinden. Der Anteil an nutzbringender, abgegebener thermischer Energie E_{ab} ist somit wesentlich höher, was den Wirkungsgrad erhöht.

Aufgabe 3: Einsatz von Vakuumröhrenkollektoren:

- in der Haustechnik zur Warmwasserbereitung und zur unterstützenden Gebäudeheizung
- in Schwimmhallen zur Warmwasserbereitung
- in der industriellen Prozesstechnik

Aufgabe 4: Individuelle Antworten

Aufgabe 5: Mathematische Definition einer Parabel:
Eine Parabel ist der geometrische Ort aller Punkte P, deren Abstand |PF| zu einem speziellen festen Punkt – dem Brennpunkt F – gleich dem Abstand |Pl| zu einer speziellen Geraden – der Leitlinie l – ist.

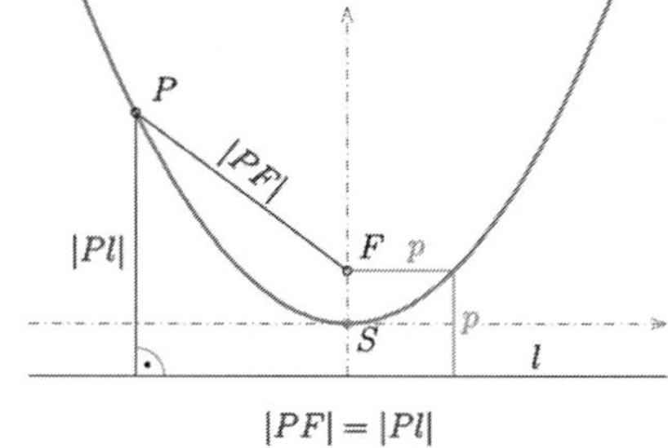

Lösungen

Kapitel VI Solarkraft

2. Solarthermie – Sonnenkollektoren

Aufgabe 6: Ein Parabolspiegel ist ein Hohlspiegel in Form eines Rotationsparaboloids, der durch Rotation einer Parabel um ihre Symmetrieachse entsteht. Parabolspiegel haben die Eigenschaft, parallel zur Achse einfallende Strahlen exakt in ihrem Brennpunkt zu sammeln. Das wird zur Bündelung von Sonnenstrahlung genutzt, wodurch im Bereich des Brennpunktes hohe Temperaturen erreicht werden.

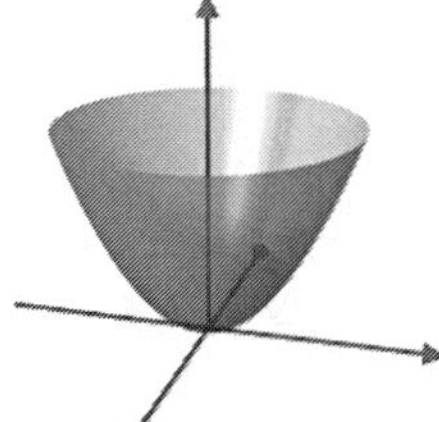

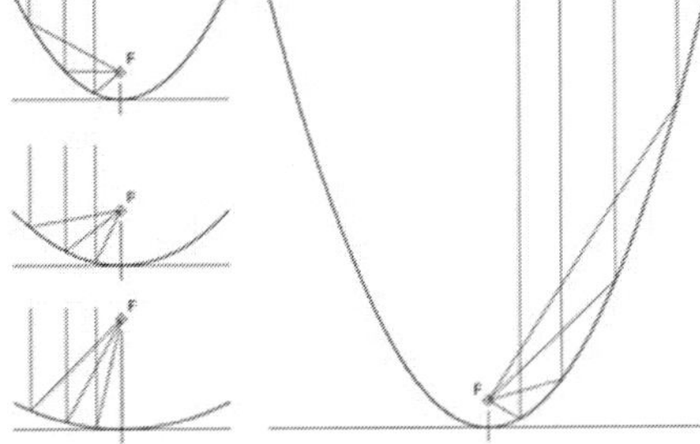

3. Solarwärmekraftwerke

Aufgabe 1: Bei Sonnenschein richten sich hunderte bis zehntausende automatisch positionierbare Spiegel – die Heliostate (1) – so aus, dass das Sonnenlicht (2) gebündelt auf den zentralen Absorber, der die Funktion eines Brenn- bzw. Heizofens (3) hat, reflektiert wird. Dort entstehen Temperaturen von 1000 °C und höher. Die thermische Energie wird mittels einer Trägerflüssigkeit zu einem Dampferzeuger (6) transportiert. Der unter Hochdruck stehende Dampf (7) treibt eine Turbine (8) an, welche ihre kinetische Energie an den Generator (10) zur Umwandlung der mechanischen in elektrische Energie abgibt. Der heiße Dampf wird im Kondensator (9) wieder verflüssigt und erneut dem Dampferzeuger zugeführt. Der im Generator erzeugte elektrische Strom wird über einen Transformator (11) ins Stromnetz (12) eingespeist.

Aufgabe 2: Individuelle Antworten, z. B.:

- Standort nahe der Stadt Sevilla in Andalusien/Spanien
- geographische Breite: 37° 26‘ 35“
- Gebiet mit höchster Sonneneinstrahlung in Europa
- Europas erstes kommerzielles Solarturmkraftwerk; Inbetriebnahme im März 2007
- 624 auf Heliostaten montierte Spiegel
- 11 MW elektrische Leistung
- 115 m hoher Turm mit Absorber

Kapitel VII Photovoltaik

1. Die Physik der Fotozelle

Aufgabe 1: Individuelle Texte, inhaltlich:

Ohne Silizium gäbe es keine Fotozellen, keine Dioden, keine Transistoren, keine Microchips – Bauteile, die für die Funktion moderner Geräte zur Kommunikation, Information, Datenübertragung, Vernetzung, Unterhaltung, Fernsteuerung und Automatisierung von Prozessen, medizinischen Geräten und Forschungsapparaturen usw. unentbehrlich sind.

Aufgabe 2:

Symbol	Si
Periode im PSE	3
Gruppe im PSE	14
Atomkern	14 Protonen und 14 Neutronen
Atomhülle	14 Elektronen
Elektronen auf der Außenschale	4

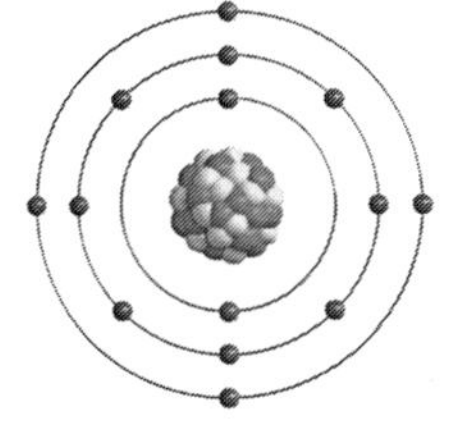

Silicium ist ein klassisches Halbmetall, weist daher sowohl Eigenschaften von Metallen als auch von Nichtmetallen auf und ist physikalisch ein Halbleiter (elektrische Leitfähigkeit liegt zwischen Leitern und Isolatoren). Daraus folgt, dass Silizium unter bestimmten Bedingungen bzw. durch Energiezufuhr elektrisch leitend wird.

Lösungen

Kapitel VII Photovoltaik

1. Die Physik der Fotozelle

Aufgabe 3: Abert Einstein konnte auf der Grundlage seiner Quantentheorie, welche die gleichzeitige Existenz (Dualismus) des Lichtes sowohl als Welle als auch als Teilchen (Photon) beschreibt, den photoelektrischen Effekt begründen.
So beschrieb er das Licht – den Teilchencharakter vorausgesetzt – als eine Ansammlung von Geschossen, die auf das Metall treffen. Wenn diese Geschosse genügend Energie besitzen, wird ein freies Elektron, das sich im Metall befindet und von einem Photon getroffen wird, vom Metall gelöst. Dieses Elektron steht dann für einen elektrischen Leitungsvorgang zur Verfügung.

Aufgabe 4: Im Jahr 1958 startete Vanguard 1 als erster Satellit mit Solarzellen in die Erdumlaufbahn. Seit diesem Ereignis führte die Nachfrage aus der Raumfahrt zu Fortschritten in der Entwicklung von Solarzellen. Fast alle Satelliten und Raumstationen nutzen Solarzellen für ihre Stromversorgung und für den Betrieb der installierten Instrumente.

2. Von der Fotozelle zum Solarmodul

Aufgabe: Folgende Anforderungen werden an Solarmodule zum Einbau in eine Photovoltaikanlage gestellt:
- transparente, strahlungs- und witterungsbeständige Abdeckung
- robuste elektrische Anschlüsse
- Schutz der spröden Solarzelle vor mechanischen Einflüssen
- Schutz der Solarzellen und elektrischen Verbindungen vor Feuchtigkeit
- ausreichende Kühlung der Solarzellen
- Berührungsschutz der elektrisch leitenden Bauteile
- sichere Handhabungs- und Befestigungsmöglichkeiten

3. Photovoltaikversorgung eines Wohnhauses

Aufgabe 1: Der in den Solarmodulen (1) erzeugte Strom ist ein Gleichstrom, der über einen Wechselgleichrichter (2) geleitet und in den netzgenormten Wechselstrom umgewandelt wird. Über den Einspeisezähler (3) wird der Strom an das öffentliche Stromnetz (4) eingespeist. Dafür erhält der Hauseigentümer eine Vergütung. Vom öffentlichen Netz wird dem Haus dann Strom über einen Bezugszähler (5) zum üblichen Verbrauch (6) zugeführt.

Aufgabe 2: - Ansatz für den Wirkungsgrad:

$$\eta = \frac{E_{ab}}{E_{zu}} \Rightarrow 0{,}12 = \frac{4800\ \text{kWh}}{E_{zu}} \Rightarrow E_{zu} = \frac{4800\ \text{kWh}}{0{,}12} = 40\,000\ \text{kWh}$$

Dem Haus müssen zwecks Energieverbrauch von 4800 kWh von der Photovoltaikanlage bei Berücksichtigung des Wirkungsgrades 40 000 kWh Energie zugeführt werden.
- Ansatz zur Berechnung der Anzahl der Solarmodule mittels direkter Proportionalität

$1\ m^2$	$n \cdot 0{,}5\ m^2$
1000 kWh	40 000 kWh

$$\frac{n \cdot 0{,}5\ m^2}{40\,000\ \text{kWh}} = \frac{1\ m^2}{1000\ \text{kWh}} \Rightarrow n = \frac{1\ m^2 \cdot 40\,000\ \text{kWh}}{1\,000\ \text{kWh} \cdot 0{,}5\ m^2} \Rightarrow n = 80$$

Für die Photovoltaikanlage benötigt man 80 Solarmodule zur Deckung des häuslichen Energiebedarfs.

4. Photovoltaik-Freiflächenanlagen

Aufgabe 1: Den besten Wirkungsgrad erzielen Solarmodule, wenn sie lotrecht zur Sonne (zu den Sonnenstrahlen) ausgerichtet sind.
Durch eine Nachführung der solaren Ernteflächen mit ein- oder zweiachsigen Nachführsystemen, deren Ausrichtung dem scheinbaren Lauf der Sonne von Ost nach West als Folge der Erdrotation und dem veränderlichen Einfallswinkel der Sonnenstrahlung im Laufe eines Tages (Sonnenhöhe) – auch mit den Jahreszeiten veränderlich – folgen kann, soll das erreicht werden.

Kapitel VII Photovoltaik

4. Photovoltaik-Freiflächenanlagen

Aufgabe 2: Beispielsweise:

Land	Name	Fläche	Leistung
Indien	Solarpark Bhadla	57 km²	2245 MW
Ägypten	Solarpark Benban	37 km²	1650 MW
China	Tengger Desert Solar Park	43 km²	1547 MW

Hinweis: Die in dieser Tabelle angegebene Leistung ist die auf dem Typenschild angegebene Gleichstrom(DC)-Spitzenleistung der Module

(Werte entnommen aus: https://de.wikipedia.org/wiki/Photovoltaik-Freifl%C3%A4chenanlage)

Aufgabe 3: Prinzipiell wird bei der Agri-Photovoltaik nicht die gesamte Freifläche der Photovoltaik gewidmet, sondern parallel oder teilweise für die Landwirtschaft genutzt. Dazu werden u. a. die Photovoltaikanlagen so hoch installiert, dass landwirtschaftliche Fahrzeuge unter ihnen hindurch fahren können oder Schafe unter den Modulen weiden können. Auch kann durch das Verhältnis der Fläche der Module zur Freifläche der Grad der Beschattung der Agrarfläche festgelegt werden, womit der Austrocknung des Bodens und Pflanzenschäden durch zu intensive Sonnenbestrahlung vorgebeugt wird. Als umweltfreundliche – besonders für den Erhalt der Schmetterlinge nützliche – und ästhetische Maßnahme haben sich Blühwiesen unter den Anlagen bewährt.

5. Photovoltaik in Zahlen

Aufgabe 1: Zutreffend ist C annähernd exponentielles Wachstum

Aufgabe 2:

Jahr	Weltweit installierte Photovoltaikleistung	Jährlicher Zuwachs
2005	4	-
2006	6	2
2007	8	2
2008	14	6
2009	22	8
2010	39	17
2011	70	31
2012	100	30
2013	137	37

Jahr	Weltweit installierte Photovoltaikleistung	Jährlicher Zuwachs
2014	177	40
2015	228	51
2016	304	76
2017	407	103
2018	511	104
2019	622	111
2020	767	145
2021	942	175

Lösungen

Kapitel VIII Was ist Bioenergie?

1. Was ist Bioenergie?

Aufgabe 1: Individuelle Texte; inhaltlich die Idee:
aus biologischen Abfällen Energie – das Gold von heute – zu gewinnen

Aufgabe 2: In die Felder des Schemas sind als biogene Brennstoffe einzutragen:
Bioabfall, Mist und Gülle, Holz, Energiepflanzen (z. B. Raps, Mais, Palmöl), Erntereste, Algen

2. Das Verfahren zur Gewinnung von Bioenergie

Aufgabe 1: In einer Biogasanlage werden Biogas, Strom und Wärme erzeugt.

Aufgabe 2:

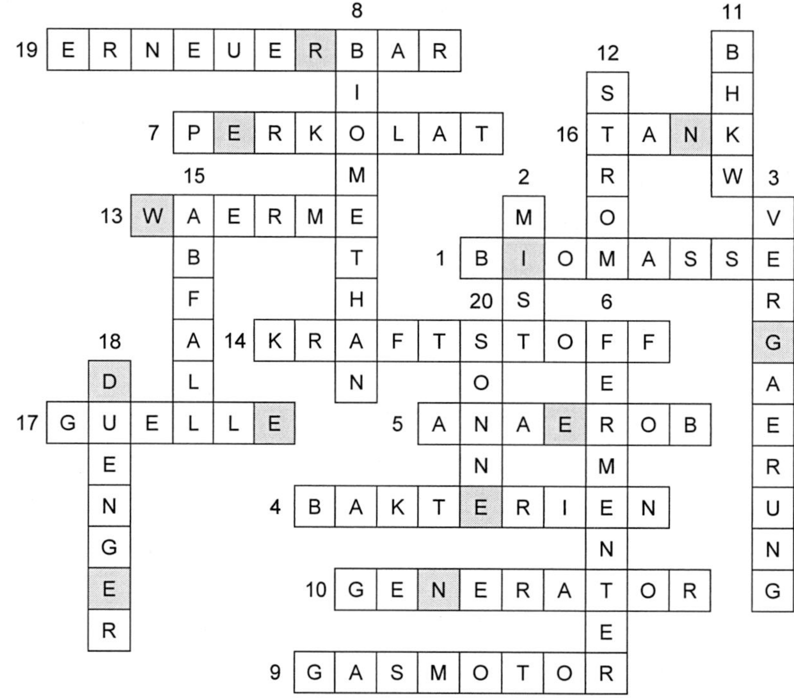

Lösungswort: | E | N | E | R | G | I | E | W | E | N | D | E |

3. Biokraftstoffe

Aufgabe 1: Als Biokraftstoffe sind in das Schema einzutragen:
- Biomethan
- Bioethanol
- Biodiesel

Aufgabe 2: Sowohl E10 als auch E5 sind Kraftstoffe (Benzin) für Ottomotoren. "E" steht für Ethanol (hier Bioethanol), welches das normale Benzin zu einem bestimmten Anteil enthalten darf. Der Kraftstoff E5 enthält maximal 5 % Bioethanol und der Kraftstoff E10 zwischen 5 und 10 %.

Aufgabe 3:
- In Deutschland ist aktuell eine Beimischung von 7 % Biodiesel in mineralischem Diesel als Kraftstoff für Fahrzeuge mit Dieselmotor unproblematisch.
- Dieser Dieselkraftstoff wird an Tankstellen unter der Kennzeichnung B7 angeboten.

Lernwerkstatt Erneuerbare Energien – Bestell-Nr. 12 765

Lösungen

Kapitel VIII Was ist Bioenergie?

4. Bioenergie – Für und Wider

Aufgabe 1:

Vorteile
unter anderem:
- Beitrag zur Reduzierung der Energieerzeugung aus fossilen Energieträgern
- Erneuerbarkeit
- teilweise eine bessere Treibhausgasbilanz als fossile Energie
- kostenlose Verfügbarkeit der „Rohstoffe“ zur Energieerzeugung in Form von biologischem Abfall, Ernteresten und organisch belasteten Abwässern (Energiepflanzen ausgeschlossen)
- gleichzeitige Entsorgung von biologischem Abfall ohne gesonderten Aufwand
- Einspeisung von Strom und Biogas in die öffentlichen Netze kontinuierlich möglich im Gegensatz zu der witterungsabhängigen Erzeugung von Solar- und Windenergie, grundlastfähig (Fähigkeit eines Biogaskraftwerkes zur dauerhaften Bereitstellung von elektrischer Energie ohne Ausfälle)
- in Folge der Speicherbarkeit von Biomasse und Biogas Energieangebot in Spitzenbedarfszeiten möglich
- Nutzung der bei der Stromerzeugung mit Biogas in einem Blockheizkraftwerk (BHKW) erzeugten Abwärme vor Ort
- Möglichkeit zur Stärkung des ländlichen Raumes und zur Eindämmung von Landflucht etwa durch Regenerierung der weltweiten degradierten Flächen, der Erschließung eines zweiten Standbeins für Landwirte durch eigene Produktion von Strom, Wärme und Treibstoffen, sowie der Bereitstellung einer dezentralen Energieversorgung
- Vermeidung bzw. Einschränkung der Abhängigkeit von Energierohstoffimporten

Nachteile
unter anderem:
- geringe Flächeneffizienz (Leistungsdichte), mit 0,5 Watt pro Quadratmeter weniger als ein Zehntel der Leistungsdichte von Photovoltaikanlagen
- im Vergleich zu anderen erneuerbaren Energien relativ hohe Treibhausgas-Emissionen
- Flächenkonkurrenz zur Nahrungs- bzw. Futtermittelerzeugung durch Bewirtschaftung von Ackerflächen mit Energiepflanzen (Raps, Sonnenblumen, Mais)
- Landschaftsverarmung durch Monokulturen
- Gefährdung der biologischen Vielfalt (Biodiversität) durch Umwandlung von ökologisch wertvollen Flächen (wie Regenwald, Moor, Grünland) in Ackerland zum Anbau von Energiepflanzen
- Freisetzung von CO_2 bei Brandrodung und Trockenlegung und weiterer klimaschädlicher Gase bei der Umwandlung von Flächen zur Gewinnung von Ackerflächen
- Brand- und sogar Explosionsgefahr durch brennbare Bioenergieträger

Aufgabe 2: Allgemein darf nicht mehr Wald abgeholzt werden als nachwachsen kann (Nachhaltigkeit).

Kapitel IX Wärme aus dem Inneren der Erde – Ein Blick zur Geothermie

1. Was ist Geothermie?

Aufgabe 1:

T (400 m) = 10 °C + 3 • 3 °C = 19 °C

T (4000 m) = 10 °C + 39 • 3 °C = 127 °C

Die Temperatur im Erdinneren beträgt in 400 m Tiefe etwa 19 °C und in 4000 m Tiefe etwa 127 °C.

Aufgabe 2: Die im Erdinneren gespeicherte thermische Energie zeigt sich in der Natur bei
- Vulkanausbrüchen
- Geysiren
- heißen Quellen

Aufgabe 3:
- In den Bädern des römischen Reiches wurden unter anderem Thermalquellen genutzt, so zum Beispiel in Baia bei Neapel.
- In Chaudes-Aigues im Zentrum Frankreichs existiert das erste historische geothermische Fernwärmenetz, dessen Anfänge bis ins 14. Jahrhundert zurückreichen.

Lösungen

Kapitel IX Wärme aus dem Inneren der Erde – Ein Blick zur Geothermie

2. Zur oberflächennahen Geothermie

Aufgabe 1: Bei der Wärmepumpe werden physikalische Effekte des Übergangs einer Flüssigkeit in die gasförmige Phase und umgekehrt ausgenutzt. Wärmepumpen werden in der Regel mit Medien betrieben, die bei niedrigem Druck unter Wärmezufuhr verdampfen und nach der Verdichtung auf einen höheren Druck unter Wärmeabgabe wieder kondensieren (verflüssigen).

- Das mit Erdwärme aus oberflächennaher Geothermie gespeiste Wasser überträgt in einem Wärmeaustauscher (1) seine thermische Energie auf ein Arbeitsmedium – zum Beispiel Propan.
- Das gasförmige Arbeitsmedium wird im Verdichter durch einen Motor zusammengepresst und erhitzt sich dabei.
- Das heiße, komprimierte Gas kann dann beim Kondensieren im zweiten Wärmetauscher (2) – dem Verflüssiger (Kondensator) – seine Wärme an das Wasser der Heizungsanlage abgeben.
- Dabei kühlt sich das komprimierte Gas ab und kondensiert zu flüssigem Propan (dieser Wärmetauscher einer Wärmepumpe wird deshalb Kondensator genannt).
- Beim anschließenden Durchgang durch das Expansionsventil (eine Drossel, in einfachen Modellen eine extreme Engstelle im Rohr) wird das flüssige Kältemittel entspannt, verdampft und wird dabei sehr kalt (deutlich kälter als 5 °C). So kann es erneut die Wärme aus oberflächennaher Geothermie (Temperatur etwa 5 °C) aufnehmen und der Kreislauf beginnt von vorne.

Aufgabe 2: Individuelle Antworten

3. Energie aus der Tiefe der Erde

Aufgabe 1: Der durch die Sonde einer Tiefenbohrung unterirdisch entnommene (bzw. noch nacherhitzte) Wasserdampf treibt Turbine und Generator an, kondensiert im Kühlturm und wird als kaltes flüssiges Wasser zurück unter die Erde gebracht, wo es erneut sehr heiß wird oder verdampft.

Aufgabe 2: Die in der Geothermie verwendeten Pumpensysteme müssen hohen Druck- und Temperaturbedingungen standhalten, sowie korrosionsfest sein.

Aufgabe 3: Beherrschbare Risiken sind:
Senkung des Grundwasserspiegels, Bodenerschütterungen, Induzierung mikroseismischer Ereignisse

4. Kleiner Geothermie-Test

Aufgabe: Zutreffend sind:

1. C Wärme und D Strom
2. A in Larderello in der Toskana
3. B zur Bereitstellung von Raumwärme und warmem Wasser für Wohngebäude
4. C am Kondensator
5. B … ist in Tiefen zwischen 400 und 3500 m angesiedelt.
   C Die Wärme wird dem Untergrund als heißes Wasser oder Dampf entnommen.
   E Hydrothermale Geothermie wird sowohl zur Heizung als auch zur Verstromung eingesetzt.
6. B 2000-6000 m
7. B Landau/Rheinland-Pfalz und C Pullach/Bayern

Kapitel IX **Wärme aus dem Inneren der Erde – Ein Blick zur Geothermie**

5. Geothermie konkret

Aufgabe: Für den Steckbrief sind folgende Angaben interessant:
Art der Nutzung: Hydrothermale Geothermie
Installierte thermische Leistung: 40 MW
Installierte elektrische Leistung: 4,3 MW
Maximale Temperatur: 136 °C
„Teufe“: 3696 m
In Betrieb genommen: 2014
Produkte: Wärme und Strom
(entnommen aus: https://www.geothermie.de/fileadmin/user_upload/Geothermie/Geothermie_in_Zahlen/Projektliste_Tiefe_Geothermie_2022_Stand_Februar.pdf)

Kapitel X **Erneuerbare Energien – Entwicklung in Zahlen**

1. Anteile der Energieträger an der Bruttostromversorgung Deutschlands 2011 und 2021

Aufgabe 1: Der Anteil regenerativer Energien an der Bruttostromversorgung in Deutschland hat sich im Zeitraum von 2011 bis 2021 etwa verdoppelt.

Aufgabe 2:

$$\frac{\alpha}{360°} = \frac{40{,}5\%}{100\%} \quad ➲ \quad \alpha = \frac{40{,}5\%}{100\%} \cdot 360° = 145{,}8° \approx 146°$$

Anteil regenerativer Energien an der Bruttostromversorgung in Dezember 2021

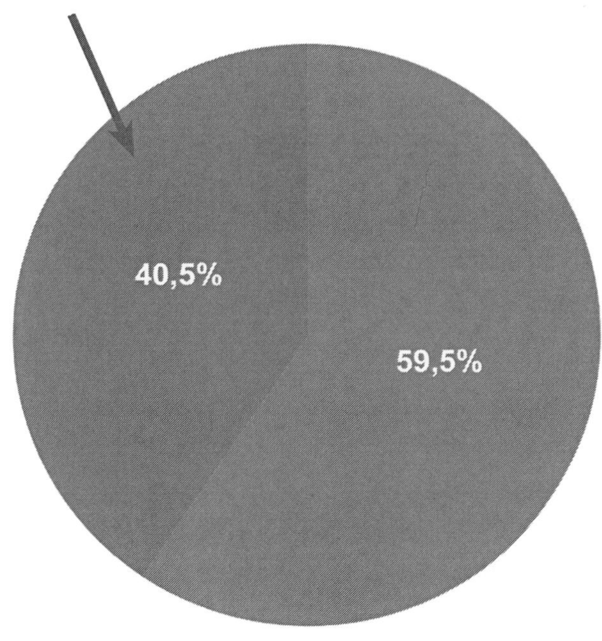

Lösungen

Kapitel X Erneuerbare Energien – Entwicklung in Zahlen

1. Anteile der Energieträger an der Bruttostromversorgung Deutschlands 2011 und 2021

Aufgabe 3: Während sich der Anteil fossiler Energieträger an der Bruttostromversorgung in Deutschland mit Ausnahme von Erdgas im Zeitraum von 2011 bis 2021 verringert hat, ist der Anteil erneuerbarer (regenerativer) Energieträger in diesem Zeitraum um 20,3 % gewachsen. Dabei steht die Zunahme des Anteils von Windenergie um 11,9 % an der Spitze.

Aufgabe 4: Kohle gilt unter den Energieträgern wegen der hohen Schadstoffemissionen bei der Stromerzeugung in Kohlekraftwerken als „Schwarzer Peter". Trotz des für die kommenden Jahre von der Bundesregierung beschlossenen Kohleausstiegs besteht in Krisenzeiten – so bei Ausfall der Lieferung von Erdgas, einem wichtigen Energieträger für Heizungszwecke und zur Stromerzeugung – die Notwendigkeit, bereits stillgelegte Kohlekraftwerke wieder hochzufahren.
Aktuell: Krieg in der Ukraine und Ausfall der Erdgaslieferung aus Russland.

Kapitel XI Die Brennstoffzeile

1. Utopisches und Historisches

Aufgabe 1: Jules Vernes Vision bestand darin, anstatt Kohle, deren Vorräte einmal erschöpft sein würden, Wasser (in Form von Wasserstoff und Sauerstoff) als "Brennstoff" zu verwenden, um daraus Licht, Wärme und Energie zum Antrieb von Maschinen zu produzieren.

Aufgabe 2: Die Voltasche Säule bestand aus vielen übereinander geschichteten Kupfer- und Zinkplättchen, zwischen denen sich in bestimmter regelmäßiger Folge elektrolytgetränkte Papp- oder Lederstücke befanden.

Aufgabe 3: Schönbein umspülte 1838 die Elektroden seiner ersten Brennstoffzelle mit Sauerstoff und Wasserstoff.

Aufgabe 4: Die Erfindung der Dynamomaschine durch Werner von Siemens machte der Entwicklung der Brennstoffzelle Konkurrenz.

Aufgabe 5: zum Beispiel „Robert Bosch"

Lösungen

2. Physikalische und chemische Grundlagen

Aufgabe 1:

Begriff	**Bedeutung/Erklärung**
Anionen	*Anionen* sind negativ geladene Ionen, die sich im elektrischen Feld stets zur positiv geladenen Elektrode (bei der Elektrolyse zur Anode) hinbewegen. *Anionen* entstehen aus Atomen oder Molekülen durch die Aufnahme von Elektronen oder Abgabe von Protonen.
Anode	Eine *Anode* ist eine Elektrode, die je nach der Art des elektrochemischen Vorganges als positiver oder als negativer Pol fungiert. Bei der Elektrolyse – Energie wird zugeführt – ist die Anode der positive Pol. Bei elektrochemischen Prozessen, die elektrische Energie erzeugen (zum Beispiel bei Batterie und Brennstoffzellen), wirkt die *Anode* als Elektronenakzeptor. An der *Anode* finden Oxidationsvorgänge statt, d. h., die aus dem Elektrolyten kommenden Anionen werden entladen bzw. neutrale Atome werden zu Kationen. Werden die *Anode* und Kathode nun zu einem Stromkreis verbunden, fließen über diese äußere Verbindung Elektronen zur Kathode, *in diesem äußeren Stromkreis* wirkt die *Anode* dann als *Minuspol*.
Elektrode	Eine *Elektrode* ist ein elektrischer Leiter, der zusammen mit einer Gegenelektrode und einem zwischen den Elektroden befindlichem Medium (Flüssigkeit, Gas oder Vakuum) einen elektrischen Stromkreis bildet. An einer Elektrode findet ein Austausch von Elektronen oder Ionen statt.
Elektrolyse	*Elektrolyse* nennt man einen chemischen Prozess, bei dem elektrischer Strom eine Redoxreaktion hervorruft. Dabei läuft an der Anode eine Oxidation (Abgabe von Elektronen) der negativ geladenen Ionen ab und an der Kathode eine Reduktion (Aufnahme von Elektronen) der positiv geladenen Ionen. Bei der *Elektrolyse* wird elektrische Energie in chemische Energie umgewandelt.

Lösungen

Kapitel XI Die Brennstoffzeile

2. Physikalische und chemische Grundlagen

Aufgabe 1:

Begriff	**Bedeutung/Erklärung**
Elektrolyt	Als *Elektrolyt* bezeichnet man eine chemische Verbindung, die im festen, flüssigen oder gelösten Zustand in Ionen dissoziiert ist und die sich unter dem Einfluss eines elektrischen Feldes gerichtet bewegt.
Galvanisches Element und Daniell-Element	Bei einem *galvanischen Element* handelt es sich um eine Kombination von zwei Elektroden aus unterschiedlichem Material und einem Elektrolyten. Beim *Daniell-Element* bestehen die Elektroden aus Kupfer und Zink. Die Funktion der *galvanischen Zelle* als Erzeuger einer elektrischen Spannung beruht auf einer Redoxreaktion. Reduktion und Oxidation an den jeweiligen Elektroden laufen räumlich getrennt in je einer Halbzelle ab. Durch Verbinden der beiden Halbzellen mit einem Elektronenleiter und einem Ionenleiter wird ein geschlossener Stromkreis hergestellt. In einer *galvanischen Zelle* wird chemische Energie in elektrische Energie umgewandelt. Das galvanische Element erklärt grundlegend die Funktion einer Batterie.
Ion	Ein Ion ist ein infolge von Elektronenabgabe oder Elektronenaufnahme elektrisch geladenes Atom oder Molekül.
Kationen	Kationen sind positiv geladene Ionen. Sie bewegen sich bei der Elektrolyse zur negativ geladenen Kathode. Kationen entstehen aus Atomen oder Molekülen durch Abgabe von Elektronen oder Aufnahme von Protonen.
Kathode	Eine Kathode ist die Gegenelektrode zur Anode. Bei der Elektrolyse – Energie wird zugeführt – ist die Kathode die negativ polarisierte Elektrode. Bei elektrochemischen Prozessen, die elektrische Energie erzeugen (zum Beispiel bei Batterien und Brennstoffzellen), finden an der Kathode Reduktionsvorgänge statt, das heißt, dass die der Kathode über einen elektrischen Leiter von der Anode zugeführten Elektronen von den chemischen Reaktionspartnern aufgenommen werden. Damit wird die Kathode zum Pluspol.

Lösungen

Kapitel XI **Die Brennstoffzeile**

2. Physikalische und chemische Grundlagen

Aufgabe 1:

Begriff	Bedeutung/Erklärung
Oxidation	ursprünglich: ***chemische Reaktion mit Sauerstoff*** zum Beispiel bei Verbrennungsvorgängen, Kohlenstoff reagiert mit Sauerstoff, $\mathbf{C + O_2 \rightarrow CO_2}$ moderne, allgemeine Definition: Die Oxidation ist eine chemische Reaktion, bei der ein Ion oder ein Atom ein oder mehrere Elektronen abgibt und dadurch seinen Oxidationszustand erhöht.
Reduktion	ursprünglich: Entzug von Sauerstoff aus einem Oxid zum Beispiel bei Erhitzung von Kupfer im Wasserstoffstrom $CuO + H_2 \rightarrow Cu + H_2O$ moderne, allgemeine Definition: Eine Reduktion ist eine chemische Reaktion, bei der ein Ion oder ein Atom als solches oder als Bestandteil eines Moleküls ein oder mehrere Elektronen aufnimmt und dadurch seinen Oxidationszustand verringert.
Redoxpotential	Je **negativer** das Redoxpotential einer Substanz A, desto stärker ist die Reduktionskraft von A, also die Bereitschaft, Elektronen abzugeben, damit selbst zu oxidieren und den Partner B zu reduzieren. A ist ein Reduktionsmittel. B erniedrigt („reduziert") seinen Oxidationszustand. Je **positiver** das Redoxpotential einer Substanz B desto stärker ist die Oxidationskraft von B, also die Bereitschaft, Elektronen aufzunehmen, damit selbst zu reduzieren und den Partner A zu oxidieren. B ist ein Oxidationsmittel, A erhöht seinen Oxidationszustand.
Redoxreaktion	Eine Redoxreaktion ist eine chemische Reaktion, bei der eine Elektronenübertragung stattfindet und sich dabei die Oxidationszustände von Atomen ändern. Ein Reaktionspartner – das Reduktionsmittel – gibt Elektronen ab, erhöht dabei seinen Oxidationszustand. Der andere Reaktionspartner – das Oxidationsmittel – nimmt die Elektronen auf, erniedrigt dabei seinen Oxidationszustand entsprechend und wird in die reduzierte Form überführt.
Spannungsreihe	Die elektrochemische Spannungsreihe ist eine Auflistung von Redox-Paaren nach ihrem Standardelektrodenpotential (Redoxpotential) unter Standardbedingungen. Vor allem bei Metallen wird sie auch Redoxreihe genannt. Standardpotentiale sind die Spannungen, die man in einer galvanischen Zelle misst, wenn links die Normal-Wasserstoffelektrode und rechts die Elektrode des entsprechenden Stoffes zusammengeschlossen sind.

Lösungen

Kapitel XI **Die Brennstoffzeile**

2. Physikalische und chemische Grundlagen

Aufgabe 2:

a) An der Zinkelektrode läuft eine Oxidation ab: $Zn \rightarrow Zn^{2+} + 2\ e^-$
An der Kupferelektrode läuft eine Reduktion ab: $Cu^{2+} + 2\ e^- = Cu$

b) Das Standardpotential von Kupfer ist mit + 0,52 V deutlich positiver als das von Zink mit einem Standardpotential von − 0,76 V. Das heißt, dass Zink zu den unedleren Metallen gehört, selbst oxidiert wird und folglich mehr Elektronen abgibt als das edlere Metall Kupfer. Die positiv geladenen Zink-Ionen gehen in Lösung und die Elektronen bleiben an der Zinkelektrode zurück.

c) Die durch Oxidation an der Zinkelektrode freigesetzten Elektronen wandern über einen metallischen Leiter, welcher die Zinkanode mit der Kupferkathode verbindet, zur Kathode. Mit der Salzbrücke, in welcher eine Ionenbewegung stattfindet, wird der Stromkreis geschlossen.

Aufgabe 3:

- Beobachtung von Luigi Galvani (italienischer Arzt, Anatom und Naturforscher) um 1780, dass Froschschenkel zucken, wenn sie mit Drähten aus unterschiedlichen Metallen berührt werden.
- Im Jahr 1790 verwendete Alessandro Volta für den Aufbau einer ersten Batterie, die später als Voltasche Säule bekannt wurde, in Kochsalzlösung getränktes Papier, welches zwischen Metallplatten aus Kupfer und Zink aufgestapelt wurde.
- 1836 entwickelte der britische Physikochemiker John Frederic Daniell die nach ihm benannte historische galvanische Zelle, die als brauchbare Batterie zum Betrieb der damals neuartigen Telegraphenapparate verwendet wurde.

3. Aufbau und Funktion einer Wasserstoff-Brennstoffzelle

Aufgabe: Das „Emissionsprodukt“ bei einer Wasserstoffbrennstoffzelle ist Wasser.

4. Der Wirkungsgrad von Brennstoffzellen

Aufgabe 1: Energieumwandlungen im Wärmekraftwerk:

E_{ch} → E_{th} → E_{kin} → E_{el}

Verbrennung **Dampfturbine** **Generator**

Energieumwandlungen in einer Brennstoffzelle:

E_{ch} → E_{el}

Brennstoffzelle

Der Wirkungsgrad eines Kohlekraftwerkes ist wesentlich niedriger als der einer Brennstoffzelle, da in einem Kohlekraftwerk mehr Energieumwandlungen stattfinden, welche mit weiteren unerwünschten Energieumwandlungen, beispielweise durch Reibung, verbunden sind. In der Brennstoffzelle wird chemische Energie direkt in elektrische Energie umgewandelt.

Aufgabe 2: Wasserstoff ist in der Natur nicht in freier Form vorhanden. Er muss erst mit Hilfe anderer Energiequellen (fossiler Energie, Kernenergie oder erneuerbarer Energien) durch Hydrolyse gewonnen werden.
Auch Im Zusammenhang mit einer Verbesserung des Gesamtwirkungsgrades von Brennstoffzellen besteht das Ziel darin, die Produktion von Wasserstoff

- kostengünstig
- umweltschonend aus erneuerbaren Energien

vorzunehmen.

Lösungen

Kapitel XI **Die Brennstoffzeile**

5. Die Zukunft von Wasserstoff und erneuerbaren Energien

Aufgabe 1: Unter grünem Wasserstoff versteht man den durch Wasserspaltung gewonnenen Wasserstoff, bei dem die für die Elektrolyse nötige Energie vollständig mit erneuerbaren Energien wie z. B. Windenergie oder Sonnenenergie gedeckt wurde.

Aufgabe 2: Im Jahr 2020 gab es in Deutschland bereits 100 Wasserstofftankstellen; bis 2023 ist der Bau und Betrieb weiterer 400 geplant.

Aufgabe 3: Ohne Anspruch auf Vollständigkeit und Aktualität:

Brennstoffzellen	
Vorteile	**Nachteile**
- hoher Wirkungsgrad (ohne Wasserstofferzeugung) Durch das direkte Umwandeln von Energie nutzen Brennstoffzellen den Energiegehalt des eingesetzten Brennstoffs fast vollständig. - netzferne mobile Energieversorgung für Kleinverbrauch - geräuscharme Funktion, da kaum bewegliche Teile wie Kolben und Getriebe - verschleiß- und wartungsarm - arbeiten vor Ort nahezu schadstofffrei	- Gesamtwirkungsgrad abhängig von der Wasserstofferzeugung (und damit Nutzungsmöglichkeit erneuerbarer Energiequellen) - technische Anforderungen sehr hoch - hohe Kosten - begrenzte Stack-Lebensdauer - Leistungen und Energieabgabe im Vergleich zu herkömmlichen Energieproduzenten gering - Gesamtemission abhängig von der Art der Wasserstofferzeugung

Kapitel XI **Multiple-Choixe-Energie-Test**

Aufgabe: Zutreffend sind folgende Antworten:

1: D,E	2: C	3: C,D	4: A,B,D,E,F	5: B	6: A,B	7: A,C	8: C	9: C,D	10: A,B,C,D,E
11: C	12: C	13: D	14: B	15: A,B,D,E,F	16: C	17: C	18: B	19: C	20: D
21: A,B	22: C	23: C	24: E	25: D	26: C	27: A	28: C		

Klasse 5 6 7 8 9 10 11-13

Naturwissenschaften

Anni Kolvenbach

Phänomen Licht

Gerade bei Themen, die nicht gut greifbar sind, ist eine anschauliche Vermittlung wichtig. Dieses Arbeitsheft möchte die komplexe Thematik des „Lichts" Schüler*innen mit Förderbedarf auf drei Niveaustufen differenziert näherbringen. Hier werden Fragen zur Zusammensetzung des Lichts, Lichtbrechung, Doppelspaltexperiment und vieles mehr einfach und verständlich beantwortet. Die Schüler*innen erfahren, warum ein Leben ohne das Licht der Sonne nicht möglich ist. Anschauliche Grafiken und liebevoll gestaltete Illustrationen, sowie leicht verständliche Fachtexte holen die Schüler da ab, wo sie stehen.

32 S. | 12 766 | ab 13,49 € | FÖ INK | 5 6 7 8 9 10

Anni Kolvenbach

Die Welt des Magnetismus

NEU

Ein neuer Band aus der Reihe „Inklusion konkret" für die sonderpädagogische Förderung im LE-Bereich beschäftigt sich mit dem Physikthema „Magnetismus". In drei Niveaustufen differenziert wird die Komplexität des Themas heruntergebrochen. Experimente und Erzählanlässe lassen die Schüler*innen zu eigenen Lösungen kommen.

Aus dem Inhalt: So wirken Magnete; Zieht es sich an?; Magnetisieren; Entmagnetisieren; Das Magnetfeld; Einen Kompass bauen u.v.m.

32 S. | 12 824 | ab 13,49 € | FÖ INK | 5 6 7 8 9 10

Jost Baum

LWST Fliegen, Schwimmen, Fahren

Upcycling im Werkunterricht

Nachhaltigkeit und Klimaschutz passen mit der Wegwerfmentalität nicht zusammen. Die Abfallvermeidung muss das oberste Prinzip einer ökologischen Abfallwirtschaft sein, denn jede Form von Sortierung, Behandlung, Verwertung und Beseitigung, geht mit dem Verbrauch von Ressourcen einher und trägt zur Klimaerwärmung bei. Upcycling kann ein weiterer Schritt in Richtung Nachhaltigkeit sein. Upcycling im Unterricht soll auf die wachsende Müllflut aufmerksam machen und auf sinnvolle Alternativen verweisen.

48 S. | 12 764 | ab 13,49 € | PDF plus | 8 9 10 11-13

Wolfgang Wertenbroch

Magnetismus — Grundlage von Physik und Technik

Inhalt: Was ist Magnetismus?; Der Kompass (Wir bauen einen Schwimmkompass. Die Erde ist ein Magnet); Magnetische Felder, Restmagnetismus, Weiss-Bezirke; Wir wenden Kenntnisse an (Neutralisierende Pole, Anziehend/abstoßend) u.v.m.

72 Seiten | 11 013 | ab 14,99 € | PDF plus

Wolfgang Wertenbroch

Mechanik der festen Körper

Von Körpern, Kräften, Hebeln und Gewichten

Inhalt: Gewichtskräfte; Schwerelosigkeit; Kräfte kann man messen; Trägheit; Körper werden verformt; Fliegende Kraft; Der Hebel; Reibungskraft, Gleitreibung, Rollreibung, Kraftübertragung; Was sind Körper? u.v.m.

88 Seiten | 11 043 | ab 15,99 € | PDF plus

Wolfgang Wertenbroch

Mechanik der flüssigen & gasförmigen Körper

Ein interessanter Teilbereich der Physik

Inhalt: Teilbereiche der Physik; Feste, flüssige/gasförmige Körper (Alle Körper nehmen Raum ein, Gewicht, Körper sind teilbar, Über Wassermoleküle, Prüfmethoden finden, Der Einfluss von Wärme...); Teilbarkeit von Körpern; Über- und Unterdruck u.v.m.

64 Seiten | 11 192 | ab 13,49 €

Gary M. Forester

Unsere Energiequellen

NEU ab Nov.

Zehn Energielieferanten näher betrachtet

Das Montessori-Legematerial ist farbintensiv gestaltet, damit man die jeweilige Qualität einer Energieform gleich über das Auge erfährt. Dann entsteht ein ganzheitliches Wissen durch den erzeugten Kontrast dieser Bausteine – das Licht der Sonne, die Wucht des Wassers, die Schwankungen der Windkraft ... Dabei entstehen Fragen: Sind Kohle und Öl abgelagerte Fossilien, kann es dann wirklich so viel davon geben, wie man wohl bisher gedacht hat? Dies z. B. erfährt man dann auf den Kartenrückseiten. Hier ergibt sich Lust am Lernen durch das wiederholbare gemeinsame Zusammenstellen von Wissen.

FARBIG | 52 Seiten | 15 084 | ab 19,99 €

Chemie

Erich Laber

Stationenlernen CHEMIE

36 Stationen mit motivierenden Aufgabenstellungen. Je fünf Themenkreise werden in den Stationen methodisch abwechslungsreich umgesetzt.

Klasse 7/8: Wasser; Luft; Metalle; Nahrungsmittel

Klasse 9/10: Säuren-Laugen-Salze; Smog; Atombau; Kunststoffe; Stickstoffkreislauf u.v.m.

80 S.	Klasse 7/8	11 768	ab 15,99 €
88 S.	Klasse 9/10	11 789	ab 16,49 €

7 8 9 10

Petra Pichlhöfer & Nicole Wiedner

Chemie – Kurz, knapp & klar

Alles rund ums chemische Grundwissen

Für viele Schüler ist Chemie ein Angstthema. Das muss nicht so bleiben – mit diesem Band kann man sich jederzeit schnell einen Begriff erarbeiten oder noch einmal neu durchgehen. Durch den klaren Aufbau wird Chemie ohne Frust nachvollziehbar, Reaktionsgleichungen werden verständlich, die Nomenklatur leuchtet ein. Ein Muss für jeden „Neu-Chemiker".

80 Seiten | 12 767 | ab 15,99 € | 7 8 9 10

Petra Pichlhöfer

Tafelbilder für den Chemieunterricht

Die Tafelbilder bringen die unterschiedlichsten Lehrplanthemen aus den unterschiedlichen Bereichen anschaulich mithilfe didaktischer Reduktion auf den Punkt. Der Zeitaufwand für die Vorbereitung wird durch die gut strukturierten und sinnvoll illustrierten Tafelanschriebe deutlich minimiert. Gerade für Berufsanfänger eine echte Hilfe, aber auch für erfahrene Lehrkräfte! Die Tafelbilder sind auch als Kopiervorlagen nutzbar.

64 Seiten | 12 289 | ab 14,99 € | 7 8 9 10

Friedhelm & Nicole Heitmann

Allgemeinwissen fördern CHEMIE

Grundkenntnisse fachgerecht in kleinen Portionen

Innerhalb des Fachbereiches vermittelt das Unterrichtsmaterial ein Basiswissen in kleinen Portionen, das dem Allgemeinwissen förderlich ist. Sämtliche Kopiervorlagen sind mit Lösungen, die auch zur Selbstkontrolle genutzt werden können, ausgestattet.

104 Seiten | 11 478 | ab 18,49 € | FÖ PDF plus | 7 8 9 10

Axel Gutjahr

Keine Angst mehr vor Chemie

Grundlagen der Anorganik & Organik

Die Grundlagen der organischen und anorganischen Chemie werden leicht verständlich erläutert. Zahlreiche Mitmach-Aufgaben, die in Teilschritten so aufgebaut sind, wie die entsprechenden Denkprozesse im Gehirn ablaufen, helfen chemisches Grundlagenwissen zu verstehen und dauerhaft einzuprägen. Damit das Buch nicht den Charakter einer „trockenen", weitgehend nur theoretischen Darlegung erhielt, wurde großes Augenmerk auf den Praxisbezug gelegt. So sind darin unter anderem zahlreiche Beispiele enthalten, wo und wie Chemie etwa im Haushalt zur Anwendung kommt.

96 Seiten | 12 606 | ab 17,49 € | 9 10 11-13

Friedhelm Heitmann

Einfach Chemie

Elementares Wissen leicht erklärt

Bei diesem Werk zu den grundlegenden Themen der Chemie wurde darauf geachtet, Inhalte und Erklärungen in leicht verständlicher Sprache zu formulieren. Passende Übungen, abwechslungsreiche Ergänzungen und bereits vorbereitete Tests und Lernzielkontrollen runden dieses umfassende Angebot ab.

88 Seiten | 12 176 | ab 17,49 € | FÖ PDF plus | 8 9 10